TORCHE CONQUERANTE

Volume 20 - Série 1

L'EXPERTISE DANS LA FOI CHRETIENNE

Avant-propos

La vie chrétienne est un véritable champ de bataille où tous les combattants de la foi se rangent derrière Jésus, leur général de Division.

Le chrétien porte sur lui toutes les armes défensives tandis que Jésus brandit toutes les armes offensives. Malgré nos multiples combats, la victoire est déjà gagnée. Avec Jésus tout va bien, car toutes choses, même les contrariétés, concourent au bien de ceux qui aiment Dieu. Cette lutte est passionnante. Entrons-y.

Pasteur Renaut Pierre-Louis

Leçon 1
Ceux qui aiment Dieu

Textes de base : 1S.17 : 36 ; Ps.37 :4 ; Mt.5 :43-44 ; Jn.13 :34-35 ; Ac. 3 :19-20 ;5 :19, 40-42 ; Ep.6 :24 ; Col.3 :1 ; 1Ti.4 :8
Texte à lire en classe : Ac. 5 : 25-32
Verset de mémoire : Les apôtres se retirèrent de devant le sanhédrin, joyeux d'avoir été jugés dignes de subir des outrages pour le nom de Jésus. Ac.5 :41
Méthodes : Discours, comparaisons, questions
But : Vous présenter des hommes qui aiment Dieu vraiment.

Introduction
Une question bien embarrassante : Comment identifier ceux qui aiment Dieu ? Voyons :

I. Leur amour pour Dieu est inconditionnel.
1. *Ils s'exposent à la mort pour Dieu* : David, un simple berger, brave le géant Goliath parce que cet incirconcis ose insulter l'armée du Dieu vivant. 1S.17 : 36
2. *Ils témoignent de leur foi avec hardiesse au tribunal.* Inutile de demander à un Pierre ou à un Jean de taire le nom de Jésus-Christ.
   Ils préfèrent le fouet, la prison et même la mort, sans se plaindre. Ac.3 :19-20 ; 5 :19
3. *Et même ils se réjouirent d'avoir été jugés dignes de subir des outrages pour le nom de Jésus-Christ.* Ac.5 :41

4. *Ils aiment Jésus d'un amour inaltérable.* Ep.6 :24
5. Conséquemment, *ils sont les fidèles abonnés du trône de la grâce.* Ps.37 :4
6. *Ils sont plus attachés aux choses d'en-haut.* Ainsi l'exercice spirituel dans le jeûne, la prière, la louange à Dieu et la méditation de la bible, les préoccupent. Col.3 :1 ; 1Ti. 4 :8

II. Leur amour pour les autres est admirable.

1. *Ils aiment Jésus à travers les frères sans distinction.* Jn.13 :34-35
2. *Ils aiment Jésus à travers leurs ennemis* qu'ils soient ouverts ou cachés. Mt.5 :43-44
   a. En effet, nos ennemis sont les opposants à nos idées, à nos intérêts. Jésus nous demande de les aimer. Mt.5 :44
   b. Car nos limitations, notre ignorance, peuvent être nos pires ennemis. Si nous pouvons nous aimer comme nous sommes, nous pouvons aussi les aimer comme ils sont.

Conclusion

Jésus veut vous rendre semblables à lui dans l'amour. A ceci, tous verront que vous aimez Dieu vraiment.

Questions
1. Comment identifier ceux qui aiment Dieu ?
   a. Leur amour pour Dieu est inconditionnel.
   b. Leur amour pour les autres est admirable.

2. Donnez-nous trois exemples de leur amour pour Dieu.
   a. Ils s'exposent à la mort pour Dieu.
   b. Ils témoignent de leur foi avec hardiesse.
   c. Ils sont attachés aux choses d'en-haut.

3. Donnez-nous trois exemples de leur amour pour les autres.
   a. Ils aiment Jésus à travers les autres.
   b. Ils aiment Jésus à travers leurs ennemis.
   c. Ils s'acceptent eux-mêmes malgré leurs limitations.

4. Vrai ou faux
   a. Quand on aime Dieu, on craint Dieu. _V_F
   b. Quand on aime son prochain, on lui fait du bien. __V__F
   c. Pour prouver qu'on aime son ennemi, on lui fait du bien au nom de Jésus. _V _ F
   d. Notre plus grand ennemi peut être notre mauvaise éducation. __V__F

Leçon 2
Ceux qui sont appelés selon son dessein

Textes de base : 1R.19 :18 ; Ps.119 :105 ; Mt.7 :1, 21 ; 22 :14 ; 25 :1-10 ; Ro.8 : 35-39 ; Col.3 :1 ; 2Ti.4 :7-8
Texte à lire en classe : Ro.8 :24-28
Verset de mémoire : Nous savons, du reste, que toutes choses concourent au bien de ceux qui aiment Dieu, de ceux qui sont appelés selon son dessein. **Ro. 8 :28**
Méthodes : Discours, comparaisons, questions
But : Montrer que Dieu appelle tous les hommes au salut, mais tous ne seront pas élus.

Introduction
Rien ne dit que tous les hommes pratiquant la même voie, vont tous à la même destination. Les usagers de la route vers le ciel sont légion. Y arriveront-ils tous ? Comment l'expliquer ?

I. D'abord qui sont-ils ?
1. Ils sont probablement des religieux qui prononcent souvent le nom du Seigneur. Mt.7 :21
2. Ils sont les sept mille réservistes qui n'ont pas fléchi le genou devant Baal. 1R.19 :18
3. Ils sont les dix vierges de la parabole. Mt.25 :1-10
En d'autres termes, **ils sont tous appelés**. Mt.22 :14

II. Mais, qui sont les appelés selon son dessein ?
Ceux-là qui prennent la Parole de Dieu comme leur boussole. Ps.119 : 105
1. Ils ne négocieront jamais leur foi en Christ pour aucune raison. 2Ti.4 :7-8
2. Leur sincérité est à toute épreuve. Ro.8 : 35, 38-39
3. Leur directive part d'en-haut. La terre est pour eux une plateforme de service et non un lieu de résidence permanente. Col.3 :1
4. Dieu n'hésite pas à les opposer à Satan sur tous les champs de bataille (maladie, deuil, faim, soif, adversité...) Ro.8 :37

III. Mais quelles sont les erreurs à éviter ?
Il faut éviter de juger les autres par leur comportement. C'est l'affaire de Dieu. Mt.7 : 1
1. Qui connait vraiment les cinq vierges folles quand toutes s'habillent pareillement ? Dieu.
2. Qui connait les sept mille serviteurs intègres ? Dieu.
3. Qui connait les vrais adorateurs et les vrais serviteurs de Dieu ? Dieu
4. Qui connait ceux qui sont appelés selon le dessein de Dieu ? Dieu

Conclusion
Si vous êtes appelé, arrangez-vous pour être au nombre des élus.

Questions

1. Qui sont les appelés de Dieu ? Tous les hommes

2. Qui sont appelés selon le dessein de Dieu ?
   a. Ceux-là qui prennent la Parole de Dieu comme leur boussole.
   b. Ceux qui ne négocieront jamais leur foi en Christ pour aucune raison.
   c. Ceux qui sont sincères à toute épreuve.
   d. Ceux qui s'affectionnent aux choses d'en haut.
   e. Ceux que Dieu n'hésite pas à opposer à Satan.

3. Quelles sont les erreurs à éviter ?
   Eviter de condamner les autres à partir de leur comportement.

4. Pourquoi ?
   Parce Dieu seul connait les vierges folles, les sept mille réservistes et les vrais adorateurs

5. Vrai ou faux
   a. Tous les prostitués, les voleurs et les assassins iront en enfer. __ V __ F
   b. Il suffit de jouir de la vie jusqu'au bout et de demander pardon à Dieu au dernier moment pour être sauvé. __V_F
   c. Je n'ai pas besoin de persévérer car Dieu a déjà fait le triage. _V__F

Leçon 3
La foi de ceux qui aiment Dieu

Textes de base : 1R.17 : 9-17
Texte à lire en classe : 1R.17 : 8-14
Verset de mémoire : Car ainsi parle l'Eternel, le Dieu d'Israël : la farine qui est dans le pot ne manquera point et l'huile qui est dans la cruche ne diminuera point jusqu'au jour où l'Eternel fera tomber de la pluie sur la face du sol. **1R. 17 : 14**
Méthodes : Discours, comparaisons, questions
But : Montrer la fidélité de Dieu à sa parole

Introduction
Tous savent que les circonstances peuvent changer mais que Dieu ne change pas. Il est le maitre des circonstances. Je vous amène maintenant à Sarepta.

I. Entrons chez une veuve.
Elle a connu une situation inévitable : son mari est mort.
1. Une condition inévitable : Elle était à court de ressources pour survivre. 1R.17 : 11-12
2. Malgré tout, l'Eternel lui demanda de loger et de nourrir le prophète Elie à ses frais. Elle obéit par respect pour Dieu. 1R.17 :9

II. Allons maintenant au torrent de Kerith.
1. Une situation inévitable : la sécheresse a dépouillé les arbres de toutes leurs feuilles. Le torrent fut à sec. 1R.17 :7

2. De ce fait, les corbeaux ne viennent plus apporter à manger au prophète.
3. Une condition inévitable : Le prophète Elie est dépourvu de pain et de logement.

III. L'intervention d'un Dieu secourable
1. Il envoie le prophète démuni chez une veuve démunie, à Sarepta. 1R.17 :9
2. Elle hésitait à le recevoir, mais l'homme de Dieu a fini par la convaincre quand il **s'identifie par la bénédiction qui l'accompagne** : « le pain ne lui manquera, ni l'huile tant que dure la sécheresse ». 1R. 17 : 13-14
3. C'était une grâce pour la veuve et un soulagement pour l'homme de Dieu qui va dormir sous un toit et manger à une table. 1R. 17 : 15,19
1. Entre temps, le fils de cette veuve tomba malade et mourut subitement. Mais le souffle du Saint Esprit dans le prophète ressuscita l'enfant. 1R.17 :21

Conclusion
Toutes choses, même la maladie, même la mort, même les fléaux naturels, l'épidémie... concourent au bien de ceux qui aiment Dieu.

Questions

1. Quelle était la condition économique de la veuve ? Elle n'avait rien pour survivre.
2. Que lui demandait l'Eternel à ce moment-là ? De loger et de nourrir son prophète.
3. Quelle était lors la situation du prophète ? Il était sans pain et sans abri.
4. Pourquoi, d'après vous, Dieu l'a-t-il envoyé chez une veuve pauvre ? Pour changer la situation des deux.
5. Expliquez
   a. Avec la présence du prophète, la veuve aura du pain et de l'huile pendant plusieurs années.
   b. Son fils mort sera ressuscité par la puissance de Dieu dans le prophète.
   c. Avec la présence de la veuve, le prophète aura du logement et du pain pendant la même période.

Leçon 4
Les circonstances dans la vie de ceux qui aiment Dieu

Textes de base : Ps.37 :5 ; Pr.3 :26 ; Es. 60 :22 ; Jn.16 : 33 ; Ro.8 :32 ; Ph.4 :6
Texte à lire en classe : Ph.4 : 4-7
Verset de mémoire : Ne redoute ni une terreur soudaine, ni une attaque de la part des méchants ; car l'Eternel sera ton assurance et il préservera ton pied de toute embuche. **Pr. 3 : 25-26**
Méthodes : Discours, comparaisons, questions
But : Montrer que la défense du chrétien dépend de la Toute-Puissance de Dieu.

Introduction
La vie est un tissu de problèmes variés contre lesquels les fils d'Adam doivent lutter chaque jour. Comment les chrétiens peuvent-ils en sortir vainqueur ?

I. Il leur faut identifier les problèmes.
1. Les problèmes, une fois identifiés, ils recommandent leur sort à l'Eternel et reconnaissent l'autorité de Dieu pour les résoudre. Ps.37 : 5
2. Leur vie peut être exposée aux dangers subtils et inconnus. Mais ils savent que leurs anges sont vigilants et prompts à les protéger. Pr.3 :26

3. Les problèmes peuvent être divers.
   a. Ils peuvent être le fait du hasard. Alors, Dieu leur dit : « Ne redoute ni une terreur soudaine ni une attaque de la part des méchants. Pr.3 :26
   b. Ils peuvent être incompréhensibles. Dieu ne nous demande pas de tout connaitre, mais qu'en toutes choses, de lui soumettre nos besoins par des prières et des supplications avec des actions grâces. Ph.4 : 6

II. **Comment se présentent les circonstances ?**
   1. Souvent, de manières imprévisibles : perte, contrainte, révocation, contrariété, maladie, transfert, abandon. Ro.8 :32
      a. Dieu, au temps marqué, répondra à leur prière. Es. 60 :22b
      b. Leur vie spirituelle échappe au contrôle du gouvernement, des bandits, de la compagnie d'assurance ou des médecins.
      c. Elle ne dépend non plus de l'héritage des parents ou bien des faveurs des étrangers. Leur vie est exactement là où Dieu leur a donné rendez-vous.

Conclusion

Si vous aimez Dieu vraiment, laissez-lui le soin de s'occuper de ce qui vous concerne. Glorifiez-le de votre victoire déjà assurée à la croix du Calvaire. Puisqu'il a vaincu pour vous, célébrez votre victoire. Jn.16 :33

Questions

1. Quelle est la position du chrétien face aux problèmes ?
   a. Il doit les identifier.
   b. Il doit les recommander à l'Eternel, l'autorité absolue pour les résoudre.

2. Comment les problèmes se présentent-ils ?
   a. Parfois comme un fait du hasard.
   b. Parfois de manières incompréhensibles.

3. Comment le chrétien doit-il réagir ?
   Il n'a qu'à tout remettre entre les mains de Dieu.

4. Comment se présentent les circonstances ?
   De manières imprévisibles.

5. Que doit faire le chrétien ?
   Donnez gloire à Dieu pour la réponse qui ne tardera pas à venir.

Leçon 5
Attitude de ceux qui aiment Dieu face à l'adversité.

Textes de base : 1S.17 : 34-36 ; Ps.24 : 9-10 ; 34 :2-20 ; 42 : 8 ; 60 :14 ; 136 :1 ; Es.41 :10 ; Ro.8 :35-39 ; Ph.4 :13 ; He.12 : 12
Texte à lire en classe : Ps.34 :2-8 :
Verset de mémoire : Toutes les nations m'environnaient, au nom de l'Eternel je les taille en pièces. Ps.118 :10
Méthodes : Discours, comparaisons, questions
But : Montrer que nos problèmes sont les responsabilités de l'Eternel.

Introduction
Il vous suffit d'avoir un esprit de lutte pour interpréter l'adversité comme une occasion d'évaluer votre force. Voyez-y l'attitude de ceux qui aiment Dieu.

I. **Les problèmes sont pour eux une Ecole de formation.**

Ils ne logeront jamais dans **l'Avenue des Lamentations et des Murmures**, mais plutôt dans le quartier **De La Louange et de la Victoire**. Ps. 24 : 9-10 ; 34 : 2
1. **Pour eux, les problèmes sont une école pour former leur caractère.**
   a. C'est un sport pour fortifier leurs muscles spirituels (la foi, la crainte de Dieu). He.12 : 12

b. C'est un entrainement avant d'affronter l'ennemi.
   David savait vaincre les lions et les ours. Ainsi, abattre Goliath lui était un jeu d'enfant. 1S.17 : 34-36
2. **Les problèmes sont un stage pour le chrétien qui voit en Dieu son entraineur.**
   a. Avec Dieu nous ferons des exploits. Il écrasera nos ennemis. Ps.60 : 14
   b. Je puis tout dit Paul, par Christ qui me fortifie. Ph.4 : 13
3. **Les problèmes sont des massages à la vie spirituelle.** David dira : « Toutes tes vagues et tous tes flots passent sur moi ». Ps.42 :8b
   Les épreuves font le va-et-vient chez nous mais Dieu les maitrise. Es.41 : 10
4. **Ils nous aident à connaitre notre entourage**, à identifier nos amis et nos ennemis cachés.
   C'est tout normal que le malheur atteigne **souvent** le juste pour qu'il prie l'Eternel **plus souvent** et obtienne la délivrance **toujours**. Ps. 34 : 20
5. **Les problèmes nous aident à mieux apprécier la fidélité de Dieu** et à témoigner ensuite de sa miséricorde. Ps.136 :1

Conclusion
Si vous aimez Dieu, soumettez-lui vos problèmes et louez-le pour votre délivrance.

Questions

1. Quelle est la perception du chrétien des problèmes ?
   a. Les problèmes sont pour lui une école de formation.
   b. Ils constituent un stage en ayant Dieu pour entraineur.
   c. Ils sont des massages à la vie spirituelle.

2. Quel en est le profit ?
   a. Les problèmes forment son caractère.
   b. Ils l'aident à connaitre son entourage.
   c. Ils l'aident à apprécier la fidélité de Dieu.

3. Dans quel quartier le chrétien refusera d'habiter ? L'Avenue des lamentations et des Murmures.

4. Où habitera-t-il au contraire ? Dans le quartier de la Louange et de la Victoire.

5. Comment le chrétien voit-il les malheurs répétés ?
   a. Comme des occasions de prier plus souvent dans l'attente des délivrances de l'Eternel.
   b. Comme des massages à la vie spirituelle

Leçon 6
Pourquoi Dieu expose-t-il les chrétiens au danger ?

Textes de base : Jos.11 :20 ; Ps.34 :8, 20 ; 56 :14 ; Es.52 :10 ; Mt.6 :13 ; Jn.15 :5 ; Ro.12 :1-3 ; 1Co.6 :19-20 ; 1Th.5 :23 ; 2Ti.3 :12
Texte à lire en classe : Ro.12 :1-3
Verset de mémoire : Car tu as délivré mon âme de la mort, tu as garanti mes pieds de la chute, afin que je marche devant Dieu, à la lumière des vivants. **Ps.56 :14**
Méthodes : Discours, comparaisons, questions
But : Dieu veut prouver qu'il est notre Dieu, surtout dans la détresse.

Introduction
L'examen de passage est obligatoire dans toutes les écoles. Celle du Seigneur obéit elle aussi, à ce principe. Pourquoi ?

I. Premièrement, pour la formation de nos âmes.
1. Satan nous menace toujours ; mais Jésus, l'Ange de L'Eternel, sera toujours là pour nous **délivrer du malin**. Ps.34 :8
2. Rappelez-vous que l'homme n'a pas inventé le corps et l'esprit. Ce sont des propriétés de Dieu que nous ne pouvons ni **affermer** ni **hypothéquer** avec Satan le Diable. 1Co.6 :19-20
    a. Jésus a offert son **corps en sacrifice** pour nous sauver ; de même il nous demande de lui offrir **notre corps** comme un sacrifice

vivant, saint et agréable à Dieu pour le servir et le glorifier. Ro.12 :1 ; 1Th.5 :23
b. C'est ce corps que Satan convoite pour atteindre notre âme. Voilà la bataille qu'il nous faut gagner.Ps.56 :14 ; Mt. 6 : 13

II. **Deuxièmement, pour nous rappeler notre totale dépendance à sa volonté souveraine.**
Sans moi, dit Jésus, vous ne pouvez rien faire. Tout acte en dehors de Christ est péché et pourra détériorer notre relation avec Dieu. Jn.15 : 5

III. **Troisièmement, pour des règlements de compte avec nos adversaires.**
Quand Dieu veut se venger de nos ennemis, il permet qu'ils persistent à nous nuire pour que tous le constatent. Mais il arrive un moment où il dira « c'est assez ». Jos. 11 :20
Alors, il déploiera le bras de sa Sainteté aux yeux de tous pour les détruire. Es.52 :10

Conclusion
A vous qui aimez Dieu, gardez votre position de combat en attendant que le Seigneur, l'arbitre de nos jours, donne le coup de sifflet final.

Questions

1. Donnez les raisons pour lesquelles Dieu nous expose au danger.
   a. Pour la formation de nos âmes
   b. Pour nous rappeler notre totale dépendance à sa volonté souveraine.
   c. Pour des règlements de compte avec nos adversaires.

2. Que représentent le corps et l'esprit ?
   Des propriétés de Dieu.

3. Qu'est-ce-que Dieu nous demande en sacrifice ?
   Notre corps.

4. Quelle est la stratégie de Dieu pour se venger de nos adversaires ?
   a. Il fait de nous un enjeu pour l'adversaire.
   b. Il lui permet de nous attaquer en vue de l'assommer.

5. Quelle est la démarche de Satan ?
   Se servir de notre corps pour atteindre notre âme.

Leçon 7
Le message que leur vie communique.

Textes de base : Ps.1 :1-3 ; 31 :16 ; Es. 41 : 10 ; 49 :15-16 ; 55 :8 ; Mt.7 :13 ; 13 :30, 41 ; Jn.3 :19-20 ; 25 :1-10 ; Lu.16 :25 ; 2Co.12 :10 ; Col.3 :1-13
Texte à lire en classe : Mt.25 :1-10
Verset de mémoire : Mes destinées sont dans ta main, délivre-moi de mes ennemis et de mes persécuteurs. **Ps.31 :16**
Méthodes : Discours, comparaisons, questions
But : Montrer la constante protection de Dieu en faveur des saints

Introduction
Allez-vous croire que les tribulations du chrétien sont une preuve de la faiblesse du Christianisme ? Jamais !

I. Voici ce que les non-chrétiens ignorent :
1. Ils ignorent que les voies de Dieu sont bien différentes des nôtres. Es.55 :8
   a. Dieu nous soumet à un entrainement spirituel continuel pour préserver notre vie chrétienne de toute distraction. Ps.1 :1-3
   b. Satan se réjouit de nos malheurs. Pourtant, quand nous sommes faibles, c'est alors que nous sommes forts. 2Co.12 : 10
   c. Abraham dira à l'homme riche : « Mon enfant, souviens-toi que tu as reçu tes biens pendant ta vie et que Lazare a eu les

maux pendant la sienne. Maintenant, il est ici consolé, et toi, tu souffres. Lu.16 : 25
2. Ils ignorent l'intervention de Dieu dans notre destinée :
   a. Dieu nous a gravés sur sa main. Ps.31 :16 ; Es. 49 : 16
      Ainsi il nous garde du chemin de la perdition. Mt.7 : 13
   b. Il nous témoigne de sa fidélité. Es.41 :10
   c. Il nous prodigue sa miséricorde imméritée.

II. **Les moqueurs ignorent que ceux qui aiment Dieu doivent cohabiter avec ceux qui ne l'aiment pas.**
   1. Les vierges folles cohabitent avec les vierges sages. Mt. 25 :1-10
   2. L'ivraie pousse à côté du bon grain.
      a. « Laissez-les croître ensemble dit le Seigneur, jusqu'à la moisson, quand j'arracherai les scandales dans mon royaume. Mt.13 :30, 41
      b. Cette différence constitue leur jugement car ceux qui aiment Dieu étaient leur lumière mais ils ont préféré les ténèbres parce que leurs œuvres étaient mauvaises. Jn. 3 :19-20

Conclusion
Rira bien qui rira le dernier.

Questions

1. Quelle est la fausse conception des non-croyants à l'endroit des chrétiens ?
   Croire que les épreuves sont une malédiction

2. Qu'est-ce qu'ils ignorent ?
   a. Que les voies de Dieu ne sont pas les nôtres
   b. Nos épreuves sont un stage spirituel pour préserver notre vie chrétienne de toute distraction.

3. Qu'est-ce-que les moqueurs ignorent ?
   Ils ignorent que ceux qui aiment Dieu doivent cohabiter avec ceux qui ne l'aiment pas.

4. Donnez-nous deux exemples
   a. Les vierges folles cohabitent avec les vierges sages.
   b. L'ivraie croit à côté du bon grain

5. Quelle est l'adresse du chrétien ?
   La main de l'Eternel

Leçon 8
Le rôle du Saint Esprit dans la vie des appelés

Textes de base : Es.57 :16 ; Mt.11 :25 ; Jn. 14 :6; 16 :13, 24; Ac.5 :3-4; 8: 18-23; 1Co.10 :13; 2Co.11 :24-26; 2Ti. 3 :12 ; 4 :6 ; Jude 24
Texte à lire en classe : Jn.16 :12-15
Verset de mémoire : Quand le consolateur sera venu, l'Esprit de vérité, il vous conduira dans toute la vérité. **Jn.16 :13a**
Méthodes : Discours, comparaisons, questions
But : Montrer la continuation du ministère de Jésus-Christ par le Saint Esprit.

Introduction
Imaginez la vie chrétienne sans la présence de Dieu. Elle est impossible ! Et comment peut-on la vivre ?

I. Seulement avec l'assistance du Saint Esprit.
1. Son rôle est de conduire **les appelés** dans toute la vérité. Soulignez « **toute la vérité** » Jn.16 :13
   a. Il leur révèle des choses cachées. Mt.11 :25 En vain Ananias et Saphira cherchent-ils à mentir à Pierre. Le Saint Esprit les dénonce. Ac.5 :3-4
   b. Le Saint Esprit en Pierre désarme Simon le magicien. Ac.8 :18-23
2. Il leur donne la capacité de supporter ce qu'humainement ils ne seraient capables d'endurer seul. 1Co.10 :13

Un Paul a subi cinq fois le supplice de la verge. Il connut une gamme de souffrances jusqu'à mourir sans trahir sa foi.
2Co.11 :24 -26 ; 2Ti.4 :6-7
a. Il les préserve de toute chute parce qu'ils sont **appelés** au salut. Jude 24
b. Dieu ne prend pas plaisir à les voir souffrir. Mais il est glorifié de les voir semblables à son Fils. Es.57 :16 ; 2Ti.3 :12

II. **Seulement en restant dans le chemin.** Jn.14 :6
Jésus dit : « Je suis le chemin » Chemin ici est mis pour l'exemple à suivre. La première personne à passer par un chemin est son auteur. Tout autre que lui vient ensuite. Ainsi, Jésus a **déjà subi les souffrances que vous endurez maintenant.** Il vous dit : « Vous aurez des tribulations dans le monde. Gardez la foi. Je vous attends en vainqueur au bout de la course **car j'ai vaincu pour vous**. Jn.16 :24

Conclusion
Contemplez votre image à travers ce miroir. Sinon, repentez-vous.

Questions

1. Comment peut-on mener la vie chrétienne ?
   a. Seulement avec l'assistance du Saint-Esprit
   b. Seulement en restant dans le chemin.

2. Quel est le rôle du Saint-Esprit dans la vie du croyant ?
   a. Le conduire dans toute la vérité.
   b. Lui donner la capacité d'endurer les souffrances.
   c. Le préserver de toute chute.

3. Donnez ici la définition de chemin.
   Jésus est l'exemple à suivre.

4. Comment interpréter ici nos souffrances ?
   Comme un acte de foi car Jésus-Christ avait déjà vaincu pour nous.

5. Que devons-nous faire ? Célébrer notre victoire même avant la fin du combat.

Leçon 9
Prédestinés et appelés.

Textes de base : Jn.14 :6-14 ; Ro. 3 :23 ; 6 :23; 8:27-39; 2Co.7:1; Ep.2:8; Ph.4:6; 1Th.5:23-24; He.2:11; 1Jn.1:9
Texte à lire en classe : Ro.8 :27-30
Verset de mémoire : Et ceux qu'il a prédestinés, il les a aussi appelés, et ceux qu'il a appelés, il les a aussi justifiés, et ceux qu'il a justifiés, il les a aussi glorifiés. **Ro.8 : 30**
Méthodes : Discours, comparaisons, questions
But : Montrer la garantie du salut obtenu auprès de Dieu.

Introduction
Dieu dans sa prescience connait le parcours de la vie de chacun. Comment devons-nous réagir ?

I. Savoir que nous appartenons à la nouvelle génération.
1. La première génération appartient au premier Adam. Elle est charnelle. Son parcours va du jardin d'Eden à la perdition. Ro.3 :23 ; 6 :23
2. La deuxième génération appartient à Christ, le dernier Adam. Son parcours va du Calvaire au Canaan céleste. Jn.14 :6 ; 1Co.15 : 49
   a. Il s'est chargé de nos péchés. Il est fidèle et juste pour nous les pardonner et nous acquitter de toutes nos iniquités. 1Jn.1 :9

   b. Il achèvera notre sanctification avant notre appel pour l'au-delà. 2Co.7 : 1 ; 1Th.5 :23-24
   c. Il nous rendra semblables à lui et Il nous traitera de frères et non de robots. Voilà pourquoi nous avons le libre arbitre. Ro. 8 : 29 ; He.2 :11
   d. Notre devoir consiste à l'appeler dans notre vie afin d'agir selon sa volonté. Ph.4 :6

II. Il nous donne un moyen sûr de le rejoindre.
1. La foi est notre téléphone portable. Elle couvre la distance de la Croix au ciel. Tous nos appels vers Notre Père Céleste sont déjà payés par un seul chèque signé avec le sang de Jésus-Christ à la Croix du Calvaire. Jn.14 :14
2. Notre rôle est de l'appeler par des prières et des supplications avec des actions de grâces. Ph.4 :6

Conclusion

Nous sommes certes, responsables de nos actes. Dieu est le seul responsable de nous sauver. Choisissez d'être sauvés par sa grâce, par le moyen de la foi. Ep.2 :8

Questions

1. Que représente la première génération ?
   La génération du premier Adam

2. Quel est son parcours ? Du jardin d'Eden à la perdition

3. Que représente la deuxième génération ?
   La génération de Jésus-Christ, le dernier Adam

4. Quel est son parcours ?
   De la Croix du Calvaire au ciel

5. Comment Christ nous traite-t-il ? Comme ses frères

6. Pourquoi ?
   Parce que nous sommes des hommes responsables de nos actes

7. Que met-il à notre disposition pour le rejoindre ? La foi

8. Comment l'utiliser ? Par la prière avec des supplications et des actions de grâces.

Leçon 10
Appelés et justifiés

Textes de base : Mt.11 :28 ; Lu.2 :14 ; Ro.3 :10 ; 5 :1 ; 8 : 2-30; He.12 :9 ; 1Ti.2 :3-4 ; Ph.2 :13 ; 1Jn. 2 :1 ; Ap.12 :10
Texte à lire en classe : Ro. 8 :2-30
Verset de mémoire : Etant donc justifiés par la foi, nous avons la paix avec Dieu par notre Seigneur Jésus-Christ. **Ro.5 :1**
Méthodes : Discours, comparaisons, questions
But : Louer Jésus notre avocat

Introduction
Quand un client se dit innocent, il embarrasse l'avocat. Jésus, l'avocat céleste, ouvre son cabinet au Calvaire. Il **appelle** les gens fatigués et chargés et promet de les délivrer du fardeau de leurs péchés. Mt. 11 :28

I. Qui sont spécifiquement ces appelés ?
1. Tous les hommes.
   a. Il veut sauver les juifs et les païens. 1Ti.2 :3-4
   b. Il sait que tous portent le fardeau de leurs
   c. péchés. Mt.11 :28 ; Ro.3 :10
   d. Il apporte la paix aux hommes ayant assez de volonté pour accepter son message de paix et de salut. Lu.2 : 14
   e. Et alors il produit en eux le vouloir et le faire selon son bon plaisir. Ph.2 :13

II. **Pourquoi sont-ils appelés ?**
1. Parce que Satan va après nos fautes pour nous accuser. Il agit sur nos sens pour nous induire dans le mal. C'est de cette facon qu'il attaque notre âme pour nous perdre. Ap.12 :10
2. Parce que Dieu est le Père des Esprits. Il nous donne une paternité spirituelle avec le droit d'hériter le ciel avec Christ, le premier-né de la nouvelle génération. Ro.8 :17 ; He. 12 :9
3. Ainsi, nous obéissons à Dieu et rejetons les invitations du malin. Ep.5 :11
4. Nous bronchons tous de plusieurs manières. Satan s'intéressera toujours à nos défauts. Jésus s'intéresse à notre salut ; c'est pourquoi il est notre avocat auprès du Père pour nous justifier. Ro.5 :1 ; 1Jn. 2 :1
Il n'y a donc aucune condamnation pour ceux qui sont en Jésus-Christ. Ro.8 :1

Conclusion
Celui qui justifie le plus vil pécheur est notre Père céleste. Donnons gloire à notre Dieu.

Questions

1. Quel est le plus grand embarras de l'avocat ?
   C'est d'avoir à plaider en faveur d'un innocent.

2. Qui est l'avocat céleste ? Jésus-Christ

3. Qui sont ses clients ? Tous ceux qui sont fatigués et chargés de leurs péchés.

4. Pourquoi sont-ils appelés ?
   a. Parce que Satan vient pour les accuser
   b. Parce que Dieu veut leur donner une paternité spirituelle.

5. Quel est le rôle final de l'avocat céleste ?
   Justifier ceux qu'il a appelés.

Leçon 11
Justifiés et glorifiés

Textes de base : Mt.25 :44-46 ; Jn.14 :2-3 ; Ro.8 :30 ; Ep.1 :21-22 ; 1Th.2 :12 ; 2Th. 2 :14; 1Pi. 4 :13; 5: 4; He. 1:14; 2:11; 4 :14; Ap.5:8; 14:13; 21: 3-12
Texte à lire en classe : Ro.8 :27-39
Verset de mémoire : Car ceux qu'il a connu d'avance, il les aussi prédestinés à être semblables à l'image de son Fils afin que son Fils fût le premier entre plusieurs frères. Ro.8 :29
Méthodes : Discours, comparaisons, questions
But : Parler de la glorification du chrétien auprès de Jésus-Christ

Introduction
Contemplez Jésus ! Il a traversé les cieux pour venir jusqu'à nous et dans quel but ? Etes-vous prêts à m'entendre ? : Il vient nous chercher. Il nous a fait de la place à ses côtés dans le ciel. Justifiés ! Glorifiés ! Voilà ! Jn.14 : 2-3 ; Ro.8 : 30 ; He.4 :14

I. Quelle sera notre fierté ?
1. Jésus sera à notre droite comme un fiancé fidèle à sa promesse. Jn.14 :3
2. Il règnera en roi au-dessus de tous et de tout : Ep.1 : 21-22
3. Nous partagerons sa gloire dans les cieux avec tous les privilèges que cette position confère.1Th.2 :12 ; 2Th.2 :14 ; 1Pi.4 :13
4. Nous porterons la couronne incorruptible de gloire. 1Pi.5 :4

5. Christ nous présentera officiellement à son Père comme ses frères adoptifs. He.2 :11

II. Quelle sera notre responsabilité d'épouse ?
1. Nous passerons toute l'éternité à glorifier Dieu, d'une part :
   a. Pour toutes nos larmes qu'il essuie,
   b. Pour toutes nos douleurs à jamais taries,
   c. Pour tous nos soucis à jamais dissipés.
   Ap.21 :3
2. D'autre part
   a. Pour notre nouvelle maison, la nouvelle Jérusalem entourée de hautes murailles pour symboliser notre éternelle sécurité auprès de Dieu. Ap.21 :10-12
   b. Pour l'album de notre vie. C'est là que nous verrons quel a été le rôle des anges auprès de nous. He.1 :14
   c. Pour la salle d'exposition où Dieu avait conservé nos prières avec leurs réponses et nos œuvres faites en Dieu.
   Mt.25 : 44-46 ; Ap.5 :8 ; 14 :13
   d. Pour toutes les merveilles des autres univers que nous allons découvrir avec lui.

Conclusion
Réjouissons-nous pour cette attente glorieuse !

Questions

1. Pourquoi Jésus a-t-il traversé les cieux ?
   Il vient nous chercher pour nous sauver, nous justifier et nous glorifier.

2. Quelle sera notre fierté ?
   a. Jésus sera à nos côtés dans le ciel.
   b. Nous partagerons sa gloire.
   c. Nous porterons la couronne incorruptible de gloire.
   d. Il nous présentera officiellement à son Père.

3. Quelle sera notre responsabilité d'Epouse ?
   Nous passerons l'éternité à le glorifier.

4. Donnez-en quatre raisons.
   a. Pour le salut gratuit et la sécurité éternelle
   b. Pour nos larmes qu'il essuie
   c. Pour l'album de notre vie
   d. Pour les merveilles à voir dans les cieux

Leçon 12
Notre résolution

Textes de base : Mt. 28 :20 ; Ro.8 :1-39; Ph.4 :19 ; 1Jn.2 :1 ;
Texte à lire en classe : Ro.8 :35-39
Verset de mémoire : Car j'ai l'assurance que ni la mort ni la vie, ni les anges ni les dominations, ni les choses présentes ni les choses à venir, ni les puissances, ni la hauteur, ni la profondeur, ni aucune autre créature ne pourra nous séparer de l'amour de Dieu manifesté en Jésus Christ notre Seigneur. **Ro.8 :38-39**
Méthodes : Discours, comparaisons, questions
But : Exalter la fidélité de L'Eglise envers Christ le divin époux.

Introduction
Avant de prendre une décision permanente, ceux qui aiment Dieu posent trois questions auxquelles nous allons répondre.

I. Les questions et leurs réponses :
1. Qui accusera les élus de Dieu ?
   Réponse : C'est Dieu qui justifie. Si nous péchons, nous avons auprès du Père, un avocat, Jésus-Christ, le juste. 1Jn.2 :1
2. Qui les condamnera ?
   Réponse : Jésus a déjà payé le prix de notre salut. Il n'y a donc aucune condamnation pour ceux qui aiment Dieu. Ro. 8 : 1, 33

3. Qui nous séparera de l'amour de Christ ?
Réponses :
   a. Ce qui ne peut nous séparer de lui dans le **monde matériel** :
   La tribulation, la faim, la nudité, le péril, la guerre. Ro.8 : 35
   Car notre Dieu pourvoira à tous nos besoins selon sa richesse, avec gloire en Jésus-Christ. Ph.4 : 19
   b. Ce qui ne peut nous séparer de lui dans le **monde immatériel** :
   La mort, la vie, les anges, les dominations, les puissances, la hauteur, la profondeur et aucune autre force. Ro.8 :38-39
   Car Jésus a dit : « Je serai avec vous tous les jours, jusqu'à la fin du monde. » Mt. 28 :20

Conclusion
La protection du chrétien dans son corps, dans son âme et dans son esprit est une preuve de la fidélité de Dieu. Aimons Dieu.

Questions

1. Qui accusera les élus de Dieu ?
   Personne, parce que c'est Christ qui justifie.

2. Qui les condamnera ? Personne parce que Jésus a déjà payé le prix de notre salut.

3. Qu'est-ce-qui ne pourra nous séparer de l'amour de Christ dans le monde matériel ?
   La tribulation, la faim, la nudité, le péril ou la guerre

4. Qu'est ce qui ne pourra nous séparer de Christ dans le monde immatériel ?
   La mort, les anges, les puissances

5. Pourquoi ?
   Parce que Jésus sera avec nous tous les jours.

Récapitulation des versets

1. Les apôtres se retirèrent de devant le sanhédrin, joyeux d'avoir été jugés dignes de subir des outrages pour le nom de Jésus. Ac.5 :41

2. Nous savons, du reste, que toutes choses concourent au bien de ceux qui aiment Dieu, de ceux qui sont appelés selon son dessein. Ro.8 :28

3. Car ainsi parle l'Éternel, le Dieu d'Israël: La farine qui est dans le pot ne manquera point et l'huile qui est dans la cruche ne diminuera point, jusqu'au jour où l'Éternel fera tomber de la pluie sur la face du sol. 1R.17 :14

4. Ne redoute ni une terreur soudaine, Ni une attaque de la part des méchants; Car l'Éternel sera ton assurance, Et il préservera ton pied de toute embûche. Pr. 3 :25-26

5. Toutes les nations m'environnaient : Au nom de l'Éternel, je les taille en pièces. Ps.118 :10

6. Car tu as délivré mon âme de la mort, Tu as garanti mes pieds de la chute, Afin que je marche devant Dieu, à la lumière des vivants. Ps.58 :14

7. Mes destinées sont dans ta main ; Délivre-moi de mes ennemis et de mes persécuteurs ! Ps.31 :16

8. Quand le consolateur sera venu, l'Esprit de vérité, il vous conduira dans toute la vérité. Jn.16 :13a

9. Et ceux qu'il a prédestinés, il les a aussi appelés; et ceux qu'il a appelés, il les a aussi justifiés; et ceux qu'il a justifiés, il les a aussi glorifiés. Ro.8 :30

10. Étant donc justifiés par la foi, nous avons la paix avec Dieu par notre Seigneur Jésus Christ. Ro.5 :1

11. Car ceux qu'il a connus d'avance, il les a aussi prédestinés à être semblables à l'image de son Fils, afin que son Fils fût le premier-né entre plusieurs frères. Ro.8 :29

12. Car j'ai l'assurance que ni la mort ni la vie, ni les anges ni les dominations, ni les choses présentes ni les choses à venir, ni les puissances, ni la hauteur, ni la profondeur, ni aucune autre créature ne pourra nous séparer de l'amour de Dieu manifesté en Jésus Christ notre Seigneur. Ro.8 :38-39

Feuille d'évaluation

1. Quelle partie de ces 12 leçons vous a le plus touché ?
   a. Pour vous-même ? _____
   b. Pour votre famille ? _____
   c. Pour votre Eglise? _____
   d. Pour votre pays? _____

2. Quelle est votre décision immédiatement après la classe ?
   _____

3. Quelles sont vos suggestions pour l'Ecole du Dimanche:
   a. _____
   b. _____
   c. _____

4. Questions purement personnelles :
   a. Quelle est ma contribution pour le développement de cette Eglise ?
   _____
   b. Quel effort ai-je fait jusqu'ici pour améliorer sa condition ? _____
   c. Si Jésus vient maintenant, serai-je fier de mes œuvres ? _____

TORCHE CONQUERANTE

Volume 20 - Série 2

QUI EST TON PARTENAIRE CONJUGAL?

Avant-propos

Hello monsieur, ma relation avec mon partenaire conjugal doit rester entre elle et moi. Si vous voulez faire parler l'histoire, je vous réfère à la bible. Elle pourra sans compromettre personne, vous offrir quelques pages de l'album de plusieurs couples. A vous maintenant d'en donner vos impressions.

Pasteur Renaut Pierre-Louis

Leçon 1
Je l'appelle Eve

Textes de base : Ge.2 :1-24 ; 3 :1-23
Texte à lire en classe : Ge.3 :1-6
Verset de mémoire : L'homme répondit: La femme que tu as mise auprès de moi m'a donné de l'arbre, et j'en ai mangé. **Ge.3 :12**
Méthodes : Discours, comparaisons, questions
But : Présenter les dispositions d'Adam pour conserver son mariage.

Introduction
Adam a enfin un partenaire conjugal. Si vous lui demandiez de vous en faire les détails, il vous dirait

I. **L'Eternel a présidé à nos fiançailles.**
   1. Il m'a donné une anesthésie générale. A mon réveil, dans la salle de récupération, Il me présenta un être semblable à moi: Je l'appelle Isha ou homme femelle. **Ge.2 :22**
      a. A ce moment j'ai ressenti une douleur et j'ai constaté l'extraction d'une de mes côtes. C'est alors que j'ai compris la raison de cette intervention. Ge.2 : 21-22
      b. Et depuis, ma côte me fait mal à cause d' elle. Elle est vraiment l'os de mes os, la chair de ma chair. Ge. 2 : 23

II. Dieu a présidé à notre mariage
1. Il a agi en Père et Pasteur dans nos noces.
   a. Il nous a meublé un lieu d'habitation.
   b. Il m'employa comme manager de ses biens et ma femme comme mon associée. Ge.2 :15

III. Dieu a sauvé notre mariage.
Un jour, ma femme s'est laissée séduire par la ruse du malin. A la vérité, c'est ma faute pour plusieurs raisons :
   a. Elle parle tant du fruit de l'Arbre qui est au milieu du Jardin que j'en ai mangé pour lui plaire. J'ai péché par amour. Ge.3 : 6
   b. J'ai manqué d'exercer mon autorité maritale. Pourtant, je rends Dieu responsable pour la femme qu'il m'a donnée et aussi pour l'Arbre qu'il aurait dû placer ailleurs. Ge. 3 :12
   c. Et maintenant, il nous a chassés du Jardin, de notre emploi et de sa présence pour punir notre désobéissance, et notre lâcheté. Ge. 3 :23

Conclusion
Je n'avais qu'elle. Je ne peux vivre sans elle.

Questions

1. Qui a décidé du choix de l'épouse d'Adam ? Dieu
2. Qui a sauvé le mariage d'Adam ? Dieu
3. Quelle était l'erreur d'Adam ? Permettre à sa femme de faire autorité sur lui.

4. Cochez la vraie réponse :
    a. A son réveil, Adam a vu __un singe __deux femmes__ Un docteur __ Eve
    b. Pour former la femme Dieu a pris de l'homme __ un œil __ un orteil __ une côte
    c. Quand un homme aime une femme, il lui dit : Je t'aime __de tout mon pied __de tout mon dos __De tout mon cœur

5. Vrai ou faux __
    a. Dieu avait donné à Adam une femme pour l'essayer. __V__F
    b. Adam écoutait la voix de sa femme au lieu d'obéir à Dieu. __V __ F
    c. Le fruit défendu était une pomme. __ V __F
    d. Dieu a donné un emploi à Adam et à sa femme.__ V __ F
    e. Au mariage d'Adam et d'Eve, Satan a présidé et Dieu a prêché. __ V __F
    f. Dieu a béni le mariage d'Adam et d'Eve _V__F
    g. A leur chute, Adam a blâmé Eve et a divorcé d'avec elle. __V __F

Leçon 2
Elle s'appelle Saraï

Textes de base : Ge. 12 : 1-20 ; 16 :1-12 ; 18 :1-6 ; 20 :1-18 ; 21 :9-24 ; 23 :1-20
Texte à lire en classe : Ge.20 :1-4, 14-18
Verset de mémoire : Alors Dieu apparut en songe à Abimélec pendant la nuit, et lui dit : Voici, tu vas mourir à cause de la femme que tu as enlevée, car elle a un mari. Ge.20 : 3b
Méthodes : discours, comparaisons, questions
But : Montrer que Dieu punit l'adultère surtout avec la femme de son serviteur.

Introduction
Croyez-vous que la beauté d'une femme puisse désarmer un homme au point de satisfaire tous ses désirs ? C'était mon cas et je le confesse aujourd'hui.

I. Saraï est ma femme.
  Sur l'ordre de Dieu, nous avons laissé Charan pour habiter à Canaan. Ge.12 : 1, 4-5
  1. A Canaan, une famine terrible nous force à descendre en Egypte. Ge.12 : 10
  2. Cependant, je chérissais tant sa beauté que dans **ses documents d'immigration**, j'ai mis plutôt **ma sœur** au lieu de **ma femme**. C'était une facon de m'épargner. Ge. 12 : 11-13
  3. Comme conséquences, elle fut deux fois kidnappée.

    a. Une fois par Pharaon. Ge. 12 : 13-19
    b. Une autre fois par le roi Abimélec.
       Ge. 20 :1-3

II. J'honore ses désirs même à contrecœur parfois.
1. Sur sa demande, j'ai eu Ismaël de ma servante Agar, une négresse égyptienne. Ge.16 : 1-2,11
2. Encore, sur sa demande, j'ai renvoyé Agar et son fils avec pour provision alimentaire seulement un pain et un gallon d'eau. Ge.21 :9-14
3. De ce fait, Isaac, mon enfant légitime, sera mon seul héritier. Ge.15 :4

III. Ma femme avait le sens social.
1. Voilà pourquoi l'Eternel changea son nom Saraï ou noble en Sara ou princesse. Ge. 17 : 15
2. Elle était hospitalière. Ge. 18 : 1, 6
3. A sa mort. J'étais fier de lui donner une sépulture digne d'elle. Ge. 23 : 13-18
4. Elle n'avait pas cherché à me corriger, ni moi non plus. Nous avons pu nous accepter et nous tolérer, malgré notre âge avancé, chacun avec ses défauts. Dieu nous a bénis ainsi.

Conclusion
Elle était ma princesse. Comment appelez-vous la vôtre ?

Questions

1. Quelle était la faiblesse d'Abram ? Il idolâtrait la beauté de Sara.
2. Que fit-il pour se protéger ? Il lui faisait dire qu'elle est sa sœur.
3. Qu'est-ce-que Dieu a fait pour le lui reprocher ? Il permit que Sara fût kidnappée.
4. Montrez qu'Abram se laissait mener par sa femme.
   Sur sa demande
   a. Il alla à sa servante Agar pour avoir un enfant.
   b. Il chassa Agar et son enfant sans pourvoir à leur besoin.
5. Que peut-on louer en Sara ? Elle était hospitalière
6. Que peut-on admirer dans ce couple ? Ils vivent ensemble malgré leur divergence.

Leçon 3
Je l'appelle de mon nom

Textes de base : Job.1 :1-22 ; 2 : 7-10 ; 19 : 7-29 ; 42 :1-17
Texte à lire en classe : Job.2 :6-10
Verset de mémoire : Mais Job lui répondit: Tu parles comme une femme insensée. Quoi! nous recevons de Dieu le bien, et nous ne recevrions pas aussi le mal! **Job.2 :10a**
Méthodes : discours, comparaisons, questions
But : Montrer comment Satan ne peut détruire l'homme que Dieu acclame.

Introduction
Ma femme était ma femme. Elle était seulement connue du public le jour où des malheurs successifs me frappaient.

I. **Je suis en deuil.**
   1. **Le silence régnait chez moi.**
      a. Mes serviteurs et mes servantes sont en grève. Job.19 :15
      b. Des visiteurs viennent me souhaiter condoléances. Personne pour les accueillir, alors que ma femme, la maitresse de la maison était là.
   2. Nul ne me demande pour mes enfants, ni pour mon cheptel. Ce serait assez pour ouvrir ma blessure. Ils savaient que j'ai tout perdu.

3. Pourtant, ma femme va rompre le silence. Elle élevait la voix pour blâmer mon austérité et ma confiance en Dieu. « Tu demeures toujours dans ton intégrité ! disait-elle. Maudis Dieu, et meurs ! » Job. 2 : 9

II. **Son attitude cruelle intensifiait mes tourments.**
« Mon humeur est à charge ma femme. »
Job. 19 : 17
Elle s'était mariée à mes richesses et non à moi.

III. **Pourquoi suis-je resté dans ce mariage ?**
1. Parce que je sais que la main de Dieu m'a frappé. Job. 19 : 21
2. Je sais que mon Rédempteur est vivant. Job. 19 : 25
3. Je crois en sa miséricorde pour me réhabiliter. Job. 19 : 25
4. Ma femme fait partie du lot de mes souffrances.
   a. Je comprendrai, plus tard, que mes épreuves étaient un examen de passage en vue de grandes bénédictions.
   b. Je devais prouver que se marier avec la bonne ou la mauvaise femme ne doit pas affecter ma relation avec Dieu.
   c. Sa conversion totale conditionne mes bénédictions totales. Job. 42 : 10-15

Conclusion

Elle reste ma femme malgré tout. Que dites-vous de la vôtre ?

Questions

1. Qu'est-ce-qui intensifiait les souffrances de Job ?
   a. Il n'avait personne dans la maison de deuil pour recevoir les visiteurs.
   b. Sa femme le négligeait et l'incitait à abandonner la foi en Dieu.
   c. Personne pour s'apitoyer sur son sort.

2. Quel était son état d'âme ? Il réalisait que sa femme s'était mariée seulement à ses richesses.

3. Pourquoi Job était-il resté dans ce mariage ?
   a. Il croyait que son épreuve vient de Dieu.
   b. Il croyait en la miséricorde de Dieu pour l'en délivrer.
   c. Il croyait que sa femme fait partie du lot de ses souffrances.

4. Qu'avait-il découvert à la fin ?
   a. Que ses épreuves étaient un examen de passage vers de grandes bénédictions
   b. Qu'il devait pardonner à ses détracteurs et surtout à sa femme.
   c. Que sa conversion totale conditionne ses bénédictions totales.

Leçon 4
Elle s'appelle Rébecca

Textes de base : Ge.24 : 1-67 ; 25 :19-34 ; 27 :1-46 ; 35 : 1-29
Texte à lire en classe : Ge.25 :24-34
Verset de mémoire : Isaac aimait Ésaü, parce qu'il mangeait du gibier; et Rébecca aimait Jacob. **Ge.25 :28**
Méthodes : discours, comparaisons, questions
But : Montrer que les conflits au foyer ne doivent pas nous conduire au divorce.

Introduction
« Pour le meilleur et pour le pire », Quelle expression prise souvent à la légère !

I. Voyons mon mariage avec Rébecca
1. Mon père a présidé à ce choix. Ge. 24 : 1-6
2. Rébecca est belle, laborieuse et vertueuse mais elle était stérile. Après vingt ans de mariage, l'Eternel exauça nos prières et nous accorda deux jumeaux, Esaü et Jacob. Ge. 25 : 21, 25-26

II. Source de nos conflits
Nos mésententes viennent le plus souvent de notre ignorance sur la manière d'élever nos enfants. Nous les prenions pour des jouets :
1. Esaü était mon favori et Jacob l'enfant préféré de Rébecca. Elle se fâche quand je

punis Jacob. Je m'oppose aussi quand elle veut punir Esaü.

Ma femme resta muette quand Esaü, mon fils préféré, vendit son droit d'ainesse à Jacob **pour un plat de lentille.** Ge. 25 :31-34

2. Sentant ma mort prochaine, j'ai voulu bénir seulement Esaü **pour un plat de gibier.** Ge.27 :7
3. Mais avec sa complicité, Jacob a volé les bénédictions d'Esaü. Ge.27 : 6-12
4. Elle prophétise la malédiction sur elle-même, pourvu que Jacob, son fils préféré, escamote le droit d'ainesse de son frère. Ge.27 : 13
5. Ayant perdu ce privilège, Esaü décida de tuer Jacob. Là encore, ma femme contribua à sa fuite jusqu'en Mésopotamie, chez son frère Laban. Ge.27 :41-47

Tous ces évènements ont secoué notre foyer sans pour autant le détruire.

En guise d'épilogue, Esaü et Jacob assistaient aux funérailles de leur père malgré leur inimitié.
Cependant, Rébecca n'a jamais revu Jacob.
Ge. 35 :29

Conclusion
Soyons sages dans l'éducation de nos enfants.

Questions

1. Quelle est l'expression habituellement répétée dans l'engagement au mariage ?
   Pour le meilleur et pour le pire

2. Qui a présidé au choix de Rébecca pour Isaac ?
   Son père Abraham

3. Faites le portrait de Rébecca
   Elle était belle, laborieuse, vertueuse.

4. Combien de temps avait-elle passé avant d'avoir des enfants ? Vingt ans

5. Quelle était au départ, l'erreur d'Isaac et de Rébecca ? Chacun adoptait un enfant au détriment de l'autre.

6. Quelles en étaient les conséquences ?
   a. Les enfants étaient mal élevés.
   b. L'un jalousait le sort de l'autre.
   c. Ils ignoraient le mot pardon.
   d. Ils restaient ennemis toute leur vie.

7. Quel était le marché conclu entre Jacob et son frère Esaü ?
   Qu' Esaü lui vendît son droit d'ainesse contre un plat de lentille.

8. Quelle était le marché conclu entre Isaac et son fils préféré Esau ? Qu'il reçoive toutes les bénédictions paternelles contre un plat de gibier.

9. Quel était le truc de Rébecca pour favoriser Jacob ?
   a. Elle l'aide à mentir pour voler les bénédictions d'Esau.
   b. Elle prépare sa fuite en Mésopotamie pour le soustraire de la vengeance d'Esau.

10. Finalement, comment était le mariage d'Isaac et de Rébecca ? Ils vivaient ensemble malgré les conflits

Leçon 5
Elle s'appelle Séphora

Textes de base : Ex. 2 :11-25 ; Ex.3 : 1-3 ; 4 : 18-26 ; 18 : 1-27 ; Ac.7 :22
Texte à lire en classe : Ex. 2 :13-20
Verset de mémoire : Car la colère de l'homme n'accomplit pas la justice de Dieu. Ja. 1 : 20
Méthodes : discours, comparaisons, questions
But : Montrer la fragilité du mariage entre deux partenaires de même tempérament.

Introduction
J'avais la tête très chaude quand je suis entré à Madian. A peine arrivé, j'ai réduit au silence des bergers agresseurs. Cette victoire m'a valu l'estime de Jethro, le sacrificateur qui me maria à Séphora, sa fille ainée. Ex.2 :16-21

I. C'était un mariage obligé
1. Pour combattre la nostalgie et la solitude.
   a. J'étais devenu un employé dans les affaires de mon beau-père. Ex.3 :1
   b. Mon respect était immédiatement hypothéqué car j'avais deux boss à qui obéir : Jethro et Séphora.
   c. Je respire un peu quand je vais derrière la montagne pour paitre son troupeau. Ex.3 :1-2

2. **Les choses se gâtent.**
   a. J'ai eu d'elle deux enfants, Eliezer et Guershom. Ex.18 :3-4
   b. Le conflit est né sur les rites religieux à adopter pour consacrer l'un des enfants à l'Eternel. Séphora était renseignée sur les rites observés par son père, sacrificateur de Madian, tandis que moi, j'étais élevé dans toute la sagesse des Egyptiens, c'est-à-dire d'après les rites magiques. Ex. 3 :1 ; Ac.7 :22
   c. Prise de colère, elle circoncisait l'enfant et jeta avec insolence, le prépuce à mes pieds. Dès lors, notre relation était détériorée. Ex.4 : 25-26
   Cet incident eut lieu quand je devais retourner en Egypte pour sommer Pharaon à libérer le peuple de Dieu. Ex.4 :19-20
   d. Au retour, Séphora retourna avec les deux enfants chez son père.
   Se reposant sur le respect dont il jouit de moi, Jethro essaya de négocier notre réconciliation. Ex. 18 : 1-7
   Peine perdue ! Je la laisse avec son père, avec les enfants et leur religion. Ex.18 : 27

Conclusion

Voyez l'aboutissement d'un mariage précoce ! C'est dommage qu'il se termine par un divorce. Jeunes gens, réfléchissez !

Questions

1. Comment a eu lieu le mariage de Moise avec Séphora ?
   a. Jethro l'a choisi pour sa fille ainée
   b. Il voulut apprécier son courage pour avoir défendu ses filles contre des bergers de Madian

2. Quelles étaient la condition de Moise dans ce mariage ?
   a. Il fuyait la solitude.
   b. Il devint un employé de son beau-père.
   c. Il subissait la pression de sa femme.
   d. Il cherchait un coin dans le désert pour méditer.

3. Quand ce mariage allait-il se gâter ?
   Au moment d'un conflit sur le rite à adopter pour présenter l'enfant à Dieu

4. Quelle en était la suite ?
   Ils restent séparés malgré les efforts du beau-père pour les réconcilier.

5. Quelle leçon pouvons-nous en tirer ? Eviter les mariages précoces qui peuvent aboutir au divorce.

Leçon 6
Elle s'appelle Débora

Textes de base : Jg. 4 : 1-8, 31 ; 5 : 1-17
Texte à lire en classe : Jg.4 : 1-9
Verset de mémoire : Elle répondit: J'irai bien avec toi; mais tu n'auras point de gloire sur la voie où tu marches, car l'Éternel livrera Sisera entre les mains d'une femme. **Jg. 4 : 9a**
Méthodes : discours, comparaisons, questions
But : Annoncer l'émancipation de la femme

Introduction
Voici un mariage de complaisance. Je donne toute latitude à ma femme. Ecoutez-moi :

I. **Je vous présente ma femme, Débora. C'est vraiment une abeille, comme l'indique son nom. Jg.4 :4-6**
Elle enseigne, juge, gouverne, prophétise, chante et compose des chansons.
1. Elle a une personnalité exceptionnelle. Barak, le commandant des casernes refuse d'aller au combat sans elle. Jg.4 : 6-8
2. Trois des tribus Ruben, Dan et Aser ne coopèrent pas avec elle. Tant pis ! Jg. 5 : 16-17
3. Débora était unique pour son époque.
   En général, les femmes s'occupent de leur mari et des enfants à la maison. Elles sont écartées des fonctions publiques d'après nos

us et coutumes. Débora fait exception à cette règle.

II. Je respecte sa profession.
Elle me respecte aussi bien comme son mari.
1. A la maison, c'est madame Lappidoth. Jg.4 :4
2. Au tribunal, c'est le juge Débora. Jg.4 :5
3. Dans les casernes, c'est la générale Débora ayant sous ses ordres le commandant Barak. Jg.4 :8-9
4. Dans ses activités religieuses, c'est la sœur Débora. Jg.5 :31
5. Dans ses révélations, c'est la prophétesse Débora. Jg.5 : 1
6. Dans ses compositions, c'est la poétesse Déborah. Jg.5 :1-4

Je ne l'appelle jamais madame Lappidoth en public. Je garde son nom Débora comme lié à sa profession.

Avec Débora, la libération de la femme est annoncée. Elle revendique pour son sexe le droit de voter, de créer et d'assurer n'importe quelle fonction publique.
La compétence seulement est au rendez-vous.

Conclusion
Moi Lappidoth, voici mon message aux célibataires : Recherchez une femme digne, compétente, chrétienne, respectueuse et laissez la libre pour exercer ses droits dans la société.

Questions
1. Comment pouvons-nous appeler le mariage de Lappidoth à Débora ? Un mariage de complaisance
2. Que veut dire Débora ? Abeille
3. Comment se comporte-t-elle ? Elle enseigne, juge, gouverne, chante et prophétise.
4. Justifiez sa forte personnalité.
   a. Elle engage Barak le commandant des Casernes, à diriger les combats
   b. Elle a pu convaincre neuf tribus à s'engager dans le combat contre les philistins.
   c. Elle était une juge écoutée en Israël.
   d. Elle respecte son mari.
5. Comment peut-on dire que Lappidoth respecte sa profession ?
   A la maison, c'est madame Lappidoth, mais dans le public, c'est Juge Débora, générale Débora.
6. Quelle est l'influence de Débora sur l'émancipation de la femme ?
   a. La femme peut avoir accès aux fonctions publiques.
   b. Elle peut avoir une éducation et jouir de ses droits civils et politiques.
7. Quel est le message de Lappidoth aux célibataires ?
   a. Recherchez une femme digne, compétente, chrétienne et respectueuse
   b. Laissez la libre pour exercer ses droits dans la société.

Leçon 7
Elle s'appelle Ruth

Textes de base : Ruth.1 : 1-22 ; 2 : 1-18 ; 4 :2-22 ; Jn.3 :16
Texte à lire en classe : Ruth 4 :12-17
Verset de mémoire : Ruth répondit: Ne me presse pas de te laisser, de retourner loin de toi! Où tu iras j'irai, où tu demeureras je demeurerai; ton peuple sera mon peuple, et ton Dieu sera mon Dieu. **Ruth. 1 :16**
Méthodes : discours, comparaisons, questions
But : Montrer comment la conviction d'une païenne l'amène à la gloire.

Introduction
L'amour n'a pas de frontière. Moi, Boaz, je l'ai appris en épousant Ruth, une femme païenne. Ruth 2 : 1

I. Qui était-elle ?
1. Une femme veuve, moabite, adoratrice du dieu Kemosh. Elle est amenée à Bethléhem par Naomi, ma parente. Ruth. 1 :22
2. Celle-ci m'en avait parlé en bonne part. Ruth 2 : 11
3. Néanmoins, j'ai fait sa connaissance quand elle est venue chercher du travail dans mon entreprise. Ruth.2 :7
4. Le superviseur de mon champ m'a fait part de son résumé. Il était incomparable. Ruth 2 : 7
5. Dès lors, elle est devenue ma protégée.

Ruth. 2 : 15-16
6. Elle était aimable et manifestait du savoir-vivre avec sa belle-mère. Ruth.2 :18

II. Je l'aime, mais comment l'épouser ?

1. Naomi, la veuve de mon frère Elimélec, avait dû vendre l'héritage familial pour cause de pauvreté. Moi, Boaz, j'ai voulu racheter le bien pour conserver le nom de mon frère.
    a. Mais, d'après la Loi du Lévirat, il faut accepter en même temps d'épouser la veuve du défunt. De.25 :5-6
    b. Ce droit revient **d'abord à mon grand frère : A son refus**, je suis devenu **le GOEL** pour racheter l'héritage et épouser Ruth. Le. 25 :25 ; De. 25 :5-10 ; Ruth. 4 :2-6.
2. D'elle j'ai eu Obed, le grand père de David, l'ancêtre de Jésus- Christ. Ruth 4 : 21-22

Application :
1. Ruth était une païenne, adoratrice des idoles.
2. La Loi ne pouvait racheter les païens.
3. Boaz symbolise Jésus-Christ qui a payé le prix pour la rédemption des pécheurs.
4. Il est le GOEL assez riche pour épouser l'Eglise et lui donner l'héritage de la vie éternelle. Jn.3 :16

Conclusion
Qu'attendez-vous pour l'accepter comme votre GOEL ?

Questions
1. Qui était Ruth ?
   a. Une veuve, une moabite adoratrice du dieu Kemosh
   b. Elle s'est convertie au judaïsme et suivit sa belle-mère Naomi à Bethléem.

2. Faites-nous le portrait de Ruth
   a. Elle est une femme de conviction.
   b. Elle aimait Naomi sa belle-mère.
   c. Elle adopta le Dieu de Naomi.
   d. Elle est laborieuse, obéissante. Elle avait un cœur maternel, et aime partager.

3. Comment a eu lieu son mariage ?
   a. Dans la tradition juive, celui qui avait droit de l'épouser, a refusé de racheter la terre du mari défunt et avoir sa femme.
   b. Boaz a accepté de payer le prix du rachat en vue d'épouser Ruth.
   c. Dès lors, Boaz est devenu le Goel de Ruth.

4. Quelle en était la conclusion ?
   Il eut d'elle Obed, l'ancêtre du roi David et de Jésus-Christ.

5. Quelle est la leçon tirée de cette histoire ?
   La loi ne pouvait payer le prix de notre rachat. Jésus a fait le sacrifice nécessaire pour sauver les païens par la richesse de sa grâce.

Leçon 8
Elle s'appelle Athalie

Textes de base : 1R.18 :4 ; 2Ch.20 : 23-26 ; 2Ch 21 : 4, 18-20
Texte à lire en classe : 2Ch.21 :2-7
Verset de mémoire : Il n'en est pas ainsi des méchants ; ils sont comme la paille que le vent dissipe. **Ps.1 : 4**
Méthodes : discours, comparaisons, questions
But : Montrer le résultat funeste du mariage avec un inconverti.

Introduction
Moi Joram, fils du feu roi Josaphat, de regretté mémoire, qu'est-ce-qui me prend pour m'allier à Athalie, la fille d'Achab et de Jézabel ? 2Ch.21 :6

I. En voici les raisons :
1. C'est d'abord un mariage politique. Etant roi de Juda, j'ai voulu par ce mariage annexer les dix tribus d'Israël comme l'avait fait mon père. 2Ch.21 :6
J'avais seulement trente-deux ans et j'ai fait de Jérusalem le siège de ma royauté. 2Ch.21 :5
2. Ma richesse obtenue des victoires du défunt sur trois nations réunies m'a rendu économiquement fort. 2Ch.20 : 25
3. J'ai tué mes frères et tous les principaux chefs d'Israël pour n'avoir à rendre compte à personne. Ainsi, l'avenir était clair devant moi. 2Ch.21 :4

II. Les dessous de cette dictature

Ma femme Athalie habitait la maison du crime, car sa mère Jézabel exterminait tous ceux-là qui n'adoraient pas Baal ou Astarté. Moi, Je m'en moque. 1R.18 :4
Jézabel n'oubliera jamais que j'avais tué mes propres frères pour éliminer tout rival sur mon chemin. A son tour, elle va jouer pour m'éliminer et garder le pouvoir.

III. Epilogue

1. Joram a régné seulement huit ans laissant derrière lui richesse, pouvoir et sa vie. 2Ch.21 :5
2. Dieu le frappa d'une maladie d'entrailles rebelle à toute médication. Il mourut dans de violentes souffrances. 2Ch.21 : 18-19
   a. Il mourut sans être regretté. 2Ch.21 : 20
   b. Il eut des funérailles nationales et non royales.

Conclusion

Le Diable ne produit que des imbéciles. Soyez intelligents et vivez. La femme de votre vie peut causer votre mort. Un choix sans Dieu n'est pas un choix. Choisissez Dieu et il vous choisira votre femme.

Questions
1. Qui était Joram ?
   a. Il était le fils ainé de Josaphat, roi de Juda.
   b. Par droit d'ainesse, il hérita du trône de son père.

2. Que fit-il à la mort de son père ?
   Il tua ses six frères légitimes ainsi que les principaux chefs du royaume de son père.

3. Pourquoi a-t-il choisi Athalie comme femme ?
   a. Parce qu'elle était la fille de Jézabel et d'Achab roi d'Israël, il avait voulu gouverner les douze tribus d'Israël.
   b. Il ne voulait avoir aucun rival.

4. Qu'avait-il oublié ?
   Qu'Athalie est la fille de la reine sanglante qui peut avoir les mêmes ambitions que lui.

5. Comment mourut Joram ? D'une maladie d'entrailles

6. Quelles sont les réflexions de l'auteur?
   a. Le Diable ne produit que des imbéciles.
   b. Soyez intelligents et vivez.
   c. La femme de votre vie peut causer votre mort.
   d. Un choix sans Dieu n'est pas un choix.
   e. Choisissez Dieu et il vous choisira votre femme.

Leçon 9
Il s'appelle Mical

Textes de base : 1S.17 : 17-54 ; 18 : 20-27 ;23 : 7,15 ; 2S.3 : 14-16 ; 6 :16-20 ; 11 :1-6
Texte à lire en classe : 2S.6 : 15-23
Verset de mémoire : David répondit à Mical : C'est devant l'Éternel, qui m'a choisi de préférence à ton père et à toute sa maison pour m'établir chef sur le peuple de l'Éternel, sur Israël, c'est devant l'Éternel que j'ai dansé. 2S.6 :21
Méthodes : discours, comparaisons, questions
But : Montrer que le mariage pour des raisons politiques n'est pas sanctifié.

Introduction
Mical ? Ai-je un jour dans ma vie, rêvé d'être le gendre d'un roi ? Comment en suis-je arrivé à cette folie ?

I. Les circonstances de cette rencontre
1. Mon père m'a envoyé d'urgence au champ de bataille, en vue de ravitailler mes frères et d'avoir des renseignements sur l'issue du combat d'Israël contre les philistins. 1S.17 :17-18
2. L'armée d'Israël n'avait personne pour lever le défi lancé depuis quarante jours par le géant Goliath.1S.17 :24

3. Sans délai, je l'ai abattu. Sa tête entre mes mains constituait mon résumé pour le poste de général de Division dans l'armée du roi Saül 1S.17 : 25, 50-51, 54
4. Et depuis, mon nom fait du bruit et l'écho est parvenu à l'oreille de Mical, la fille du roi qui tomba amoureuse de moi. 1S.18 : 20

II. Comment devenir gendre du roi ?

1. Mon beau-père Saül passa tout son règne à m'attaquer pour me tuer. 1S.23 :7, 15
   a. Il donne ma femme à un autre ; c'était assez pour m'humilier. 2S.3 :14-16
   b. J'ai pris le pouvoir après sa mort et pour que Mical ne constitue pas pour moi un danger politique, je l'ai reprise de son mari ayant eu sur elle un droit légitime. 1S.18 : 20, 25-27
   c. Cependant, quel écart entre une femme aristocrate, habituée au luxe et le petit berger, fils du peuple ?
   d. Sans se gêner, elle vilipendait mon adoration à l'Eternel. 2S.6 : 16, 20
   e. J'ai répliqué mais depuis lors, notre relation s'est rompue. Chacun dort dans son lit. C'était l'une des causes lointaines de ma chute avec Bath-Sheba. 2S.11 :1-5

Conclusion

Jeunes, gravissez les échelons, mais gare au vertige !

Questions

1. Comment David était-il devenu le gendre du roi Saul ?
   A la faveur de sa victoire sur le géant Goliath

2. Qui l'admirait pour cette victoire ? Mical, la fille du roi Saul

3. Quelle était la personnalité de Mical ? Elle était une femme aristocrate, habituée au luxe

4. Comment prenait-elle David ? pour un roi sans prestige

5. Pourquoi disons-nous que son attitude envers David était une cause lointaine de l'adultère du roi ?
   a. Les relations avec Mical étaient détériorées.
   b. Ils vivaient sous un même toit sans se communiquer.
   c. A la fin, David partit pour d'autres conquêtes.

6. Que peut-on conseiller aux jeunes ? De viser haut, mais de se garder d'avoir du vertige

Leçon 10
Je l'appelle Mon Eglise

Textes de base : Mt.3 :17 ; 16 :18 ; 25 :21 ; 28 :19-20 ; Jn.3 : 16, 35 ; 5 :24 ; 8 :36 ; 10 :10 ; 14 :3, 26 ; 16 :13 ; 1Co.15 :55-57 ; Ph.4 :6 ; Ap.2 :10
Texte à lire en classe : Ep.5 :22-32
Verset de mémoire : Et moi, je te dis que tu es Pierre, et que sur cette pierre je bâtirai mon Église, et que les portes du séjour des morts ne prévaudront point contre elle. Mt. 16 :18
Méthodes : discours, comparaisons, questions
But : Présenter Jésus-Christ comme le fiancé modèle

Introduction
Adam nous présentait sa femme : il l'appelle «Eve». Jésus, le dernier Adam nous présente sa fiancée : il l'appelle « Mon Eglise » et il saisit l'occasion pour nous inviter à ses noces. Serez-vous avec nous au divin rendez-vous ? Laissez-le parler.

I. Mon Père me l'a donnée
1. Il m'a introduit auprès d'elle en disant : « Celui-ci est mon Fils bien-aimé en qui j'ai mis toute mon affection. » Mt.3 :17
2. Il m'a doté de toutes les garanties d'un époux capable : Il a remis toutes choses entre mes mains. Jn.3 :35
   Elle n'a qu'à me demander pour recevoir tout en abondance. Jn.10 : 10 ; Ph.4 : 6

a. A-t-elle peur de mourir ? Je suis descendu dans le séjour des morts pour détruire la mort. 1Co.15 :55-57
b. J'ai payé le prix de son salut et j'ai garanti sa parfaite liberté. Jn. 3 :16 ; 8 :36
c. Je la laisse entre les mains du St Esprit pour la conduire dans toute la vérité et je lui promets de revenir la chercher pour les noces. Jn.14 : 3 ; 26 ; 16 :13

II. Je l'appelle « Mon Eglise » Mt. 16 : 18
Voici notre contrat de mariage :
1. Qu'elle soit une fidèle associée dans mon administration. Elle est chargée de prêcher l'Evangile depuis son lieu d'habitation jusqu'aux extrémités de la terre. Mt. 28 :19-20
2. Qu'elle soit bonne et fidèle jusqu'à la mort. Mt.25 : 21

III. Ce qu'elle attend de moi
1. Que je vienne la chercher et la coiffer de la couronne de vie. Ap.2 :10b
2. La jouissance du bonheur éternel. Jn.5 :24

Conclusion
Vous membres de son corps, retenez ce message et vivez dans l'attente glorieuse du divin époux.

Questions

1. Comment Dieu a-t-il introduit Jésus-Christ à sa fiancée ? Celui-ci est mon Fils bien-aimé en qui j'ai mis toute mon affection

2. Comment Jésus-Christ assure-t-il sa fiancée de sa pleine sécurité ? Il l'assure que son Père a remis toutes choses entre ses mains.

3. Qui est chargé de gérer les relations avec sa fiancée en son absence ? Le Saint-Esprit.

4. Comment appelle-t-il sa fiancée ? Mon Eglise

5. Quel est l'engagement de la fiancée dans le contrat de mariage ?
   a. Que la fiancée reste fidèle.
   b. Qu'elle soit chargée de prêcher l'Evangile sur la planète
   c. Qu'elle soit fidèle jusqu'à la mort.

6. Quelle est l'attente de la fiancée ?
   a. L'époux viendra la chercher pour la coiffer de la couronne vie.
   b. Il jouira le bonheur éternel

Leçon 11
Je l'appelle « Mon Epouse »

Textes de base : Mt.25 :1-13 ; Jn.2 : 1-12 ; 11 :40 ; 16 :33 ; 19 :30 ; Ro.13 : 11-14
Texte à lire en classe : Mt.25 : 1-10
Verset de mémoire : Car le mari est le chef de la femme, comme Christ est le chef de l'Église, qui est son corps, et dont il est le Sauveur. **Ep.5 :23**
Méthodes : discours, comparaisons, questions
But : Présenter les fiançailles d'autrefois comme un engagement parfait.

Introduction
Dans les temps bibliques, la culture orientale accorde le titre d'époux aux fiancés. Cette appellation est péjorative si nous la plaçons dans le contexte moderne.

I. Comment célébrait-on les mariages ?
1. Les éventuels conjoints accompagnent leur parent respectif devant le sacrificateur.
2. Le fiancé doit prouver sa capacité d'entretenir sa femme.
   a. Vous comprenez pourquoi Marie paniquait quand, en moins de sept jours, le vin manqua aux époux. C'était un signe flagrant de l'incapacité de l'époux qui était alors exposé à recevoir une citation en justice de la part de son beau-père. Jn.2 : 3

3. En cas de dissolution des fiançailles, il devra signer la dot séance tenante, pour la valeur nominale à laquelle il avait estimé sa fiancée, sous peine de poursuite judiciaire.

II. Jésus, l'époux modèle
1. Il n'a jamais forfait à ses engagements. L'expression « Tout est accompli » témoigne de sa fidélité. Jn.19 :30
2. Si tu crois, alors tu verras la gloire de Dieu. Jn.11 : 40
3. Il a vaincu pour son Eglise et veut vivre pour elle. Jn.16 :33

III. Maintenant, au jour des noces :
1. L'épouse va à la rencontre de l'époux en vue de la cérémonie nuptiale. Mt.25 : 6
2. L'épouse est entourée de filles et de garçons d'honneur qui chantent de beaux cantiques dont le plus choyé était le Cantique des Cantiques. Mt. 25 : 1-3

Conclusion
Etes-vous prêt à participer à ces noces ? Revêtez-vous donc du Seigneur Jésus-Christ et n'ayez pas soin de la chair pour en satisfaire les convoitises. Ro. 13 :14

Questions

1. Comment célébrait-on les mariages dans les temps bibliques ?
   a. Les éventuels conjoints accompagnent leur parent respectif devant le sacrificateur.
   b. Le fiancé doit prouver sa capacité d'entretenir sa femme.
   c. Il doit signer la dot pour la valeur à laquelle il avait estimé sa fiancée.
   d. Dès lors, il ne peut briser les liens sauf par un divorce.
   e. Dans ce cas, il est obligé de payer la dot séance tenante sous peine de poursuite judiciaire.

2. Comment se comporte Jésus-Christ ?
   Il se comporte comme un époux toujours fidèle à ses engagements.

3. Comment débute-t-on la cérémonie nuptiale ?
   a. Les vierges se tiennent dans la maison.
   b. Quand on annonce la venue de l'époux, elles vont avec des lampes allumées à sa rencontre.

4. Quel est le comportement des vierges dans la cérémonie du mariage ?
   a. L'épouse est entourée de filles d'honneur et l'époux des garçons d'honneur.
   b. Ils chantent des airs de mariage dont le plus réputé est le Cantique des Cantiques

Leçon 12
Les quatre piliers du bonheur conjugal

Textes de base : Mal.3 :10 ; Mt. 5 :37 ; 18 :20 ; Jn.21 : 15-17 ; Ro.5 : 1-8 ; 1Co.7 :5 ; Ep. 5 : 16 ; 6 :18 ; Ja. 5 : 1-12 ; Ap.22 :13
Texte à lire en classe : Mt.18 :19-20
Verset de mémoire : Car là où deux ou trois sont assemblés en mon nom, je suis au milieu d'eux **Mt.18 :20**
Méthodes : discours, comparaisons, questions
But : Aider les couples à maintenir leur engagement

Introduction
Venez cher couple, venez contempler les quatre piliers majeurs pour supporter votre mariage :

I. D'abord, l'amour et le respect mutuel
L'amour sans le respect est pure manipulation.
On doit respecter l'espace de l'autre. Au grand jamais, ne blâmez pas votre partenaire. De préférence, dites-lui ce que vous pensez et ne trouvez pas de prétexte à partir d'un incident pour généraliser.
1. Jésus donne **la preuve d'amour** en sacrifiant sa vie pour vous. Ro.5 :8
2. Il donne la **preuve du respect** en évitant de blâmer Pierre pour son triple reniement. Au lieu de lui dire : « **Vous êtes toujours ainsi** » il lui dit : « **Pierre, m'aimes-tu ?** » Il est donc prêt à pardonner et à coopérer. Jn.21 : 15-17

3. Christ vous apprend à prêter toute votre attention à votre partenaire, même si sa conversation ne vous intéresse pas. Ep.6 :18
4. Finalement, le sexe entre vous doit être régulier à moins d'inconvénients majeurs. 1Co.7 :5

II. La fidélité à ses engagements

Votre partenaire doit vous croire sur parole. Un simple doute peut compromettre votre mariage. Jésus accomplit toujours ses promesses, à vous d'accomplir les vôtres. Mt.5 :37 ; Ja.5 :12

III. La prière

C'est le dialogue entre le couple et le ciel. Le foyer sans Dieu n'existe pas. Jésus prend siège au milieu « quand deux époux sont unis en son nom. » Mt. 18 :20

IV. La bonne administration.

a. Ensemble on gère le temps. Ep.5 :16.
b. Quant à votre argent, la dîme et les offrandes à Dieu d'abord. Mal.3 :10 ; Ap.22 :13
c. La part du foyer et des beaux-parents ensuite.

Conclusion

Attention ! Si vous manquez un pilier, appelez Jésus en urgence !

Questions

1. Quelles sont dans les grandes lignes, les quatre piliers du bonheur conjugal ?
   a. L'amour et le respect mutuel
   b. La fidélité à ses engagements
   c. La prière
   d. La bonne administration

2. Que dire de l'amour sans le respect ?
   C'est de la Manipulation.

3. Comment prouver qu'on aime ?
   a. Par le sacrifice de soi en faveur du conjoint
   b. Par l'oubli des fautes du conjoint
   c. Par l'esprit de service
   d. Par la communion sexuelle

4. Comment montrer la fidélité à ses engagements ?
   Par le respect de la parole donnée

5. Comment définir la prière dans cette leçon ?
   Un dialogue du couple avec le ciel.

6. Que peut-on prévoir dans une bonne administration du foyer ?
   La bonne gérance de son temps, de son argent, La dîme et les offrandes, la part légitime aux beaux-parents, à l'éducation et à l'épargne.

Récapitulation des versets

1. L'homme répondit : La femme que tu as mise auprès de moi m'a donné de l'arbre, et j'en ai mangé. Ge. 3 :12

2. Voici, tu vas mourir à cause de la femme que tu as enlevée, car elle a un mari. Ge. 20 :3b

3. Mais Job lui répondit: Tu parles comme une femme insensée. Quoi! nous recevons de Dieu le bien, et nous ne recevrions pas aussi le mal ! Job.2 :10a

4. Isaac aimait Ésaü, parce qu'il mangeait du gibier; et Rébecca aimait Jacob. Ge. 25 :28

5. Car la colère de l'homme n'accomplit pas la justice de Dieu. Ja.1 :20

6. Elle répondit: J'irai bien avec toi; mais tu n'auras point de gloire sur la voie où tu marches, car l'Éternel livrera Sisera entre les mains d'une femme. Jg. 4 :9a

7. Ruth répondit: Ne me presse pas de te laisser, de retourner loin de toi! Où tu iras j'irai, où tu demeureras je demeurerai; ton peuple sera mon peuple, et ton Dieu sera mon Dieu. Ruth 1 :16

8. Il n'en est pas ainsi des méchants: Ils sont comme la paille que le vent dissipe. Ps.1 :4

9. David répondit à Mical: C'est devant l'Éternel, qui m'a choisi de préférence à ton père et à toute sa maison pour m'établir chef sur le peuple de l'Éternel, sur Israël, c'est devant l'Éternel que j'ai dansé. 2S.6 :21

10. Et moi, je te dis que tu es Pierre, et que sur cette pierre je bâtirai mon Église, et que les portes du séjour des morts ne prévaudront point contre elle. Mt.16 :18

11. Car le mari est le chef de la femme, comme Christ est le chef de l'Église, qui est son corps, et dont il est le Sauveur. Ep.5 :23

12. Car là où deux ou trois sont assemblés en mon nom, je suis au milieu d'eux. Mt.18 :20

Feuille d'évaluation

1. Quelle partie de ces 12 leçons vous a le plus touché ?
   a. Pour vous-même ? _____
   b. Pour votre famille ? _____
   c. Pour votre Eglise? _____
   d. Pour votre pays? _____

2. Quelle est votre décision immédiatement après la classe ?
   _____

3. Quelles sont vos suggestions pour l'Ecole du Dimanche:
   a. _____
   b. _____
   c. _____

4. Questions purement personnelles :
   a. Quelle est ma contribution pour le développement de cette Eglise ?
   _____
   b. Quel effort ai-je fait jusqu'ici pour améliorer sa condition ? _____
   c. Si Jésus vient maintenant, serai-je fier de mes œuvres ? _____

TORCHE CONQUERANTE

Volume 20 - Série 3

QUI EST MON PROCHAIN ?

Avant-propos

Je m'étais dressé au coin de l'histoire biblique pour entendre un pharisien, un prétendu juste, poser à Jésus la question suivante :
« Qui est mon prochain ? » Il est inutile d'être grand clerc pour répondre à sa question jugée d'ailleurs élémentaire et ridicule. Cependant, puisque les mauvaises herbes des préjugés, de la discrimination et de la ségrégation croissent toujours pour déformer les réalités et donner au voisin une disproportion ironique, il est important de tirer l'oreille à certains et de revenir avec cette même question sur le tapis :
Qui est mon prochain ?

Pasteur Renaut Pierre-Louis

Leçon 1
Qui est mon prochain ?

Textes de base : Ge.1 : 26-31 ; Lu.10 :25-37
Texte à lire en classe : Ge. 1 : 28-31
Verset de mémoire : Puis Dieu dit : « Faisons l'homme à notre image, selon notre ressemblance, et qu'il domine sur les poissons de la mer, sur les oiseaux du ciel, sur le bétail, sur toute la terre, et sur tous les reptiles qui rampent sur la terre ». **Ge.1 :26**
Méthodes : Discours, comparaisons, questions
But : Présenter la raison d'être de l'homme dans la création

Introduction
Si cela ne vous dérange pas, allons à la Genèse pour répondre à la question que voici :

I. **Qui est mon prochain ?**
   Eh bien, c'est un autre moi-même, créé à l'image de Dieu.

II. Dieu, le **Père omniscient**, m'a doté de la capacité de comprendre :
   Je peux raisonner, inventer, transformer les éléments de la nature et les adapter à mes besoins.
   Le singe le plus intelligent n'a pas ces facultés.

III. Dieu, le Père Omnipotent m'a doté de la capacité de dominer :
1. Je domine l'espace terrestre, aérien et sous-marin.
2. Je contrôle les éléments, les plantes et les bêtes.
3. J'ai la volonté pour décider. Ge.1 :28

IV. Je suis doté de la capacité de tout gérer à partir de notre Père omniprésent.
L'homme est animé des facultés propres à son créateur : les sentiments pour aimer ou haïr, la volonté pour décider et la raison pour comprendre. Ge.1 :26-27
Puisque tous ces éléments sont en moi et ne se trouvent en aucun autre animal, celui qui comme moi a ces éléments, doit être mon prochain.
Dieu créa les gros animaux dans la première partie du sixième jour et l'homme dans la deuxième partie du sixième jour. Ge.1 : 24, 31
Si je ne peux te comparer à aucun animal dans la première partie du sixième jour, tu es créé en Dieu en même temps que moi. Tu es donc mon prochain.

Conclusion
Notez que le singe est la créature la plus rapprochée du genre humain. Elle a quatre mains tandis que l'homme est doté de deux pieds et de deux mains. Celui-ci doit être mon prochain.

Questions

1. Quelles sont les facultés de Dieu retrouvées en l'homme ? Il peut aimer, raisonner et décider.

2. Quel est l'animal le plus rapproché du genre humain ? Le singe

3. En quoi diffère-t-il ?
   a. L'homme est omnivore, le singe est frugivore.
   b. L'homme est à stature verticale pour dominer. Il se déplace sur deux pieds et il a deux mains. Le singe est à stature horizontale et il marche sur quatre mains.
   c. L'homme peut inventer contrairement au singe.

4. Quand ont été créés les animaux ? Dans la première partie du sixième jour.

5. Quand a été créé le genre humain ? Dans la deuxième partie du sixième jour.

6. Qui est mon prochain ? Celui qui a été créé en même temps que moi.

Leçon 2
Celui que Dieu voit du même œil que moi

Textes de base : Ge.1 :28 -31 ; Job.37 :7; Pr.30 :27
Texte à lire en classe : Ge. 1 :26-28
Verset de mémoire : Il met un sceau sur la main de tous les hommes, Afin que tous se reconnaissent comme ses créatures. **Job 37 :7**
Méthodes : Discours, comparaisons, questions
But : Montrez que Dieu a une seule signature et qu'il l'appose sur tous les hommes, ses semblables. Job.37 :7

Introduction
La loi de la gravitation universelle émise par le théologien et mathématicien anglais Isaac Newton en 1687, stipule « que **tous les corps** sont attirés vers **le centre de la terre** par une force appelée pesanteur. » Je suis un corps et vous êtes un corps, **êtes-vous plus au centre que moi** ? Allons !

I. Comparons :
1. Dieu m'a composé comme vous avec tous les éléments des règnes animal, minéral et végétal. Ainsi rien de cette nature ne m'est étranger.
   Je dois être roi sur ces trois règnes. Ge.1 :28
2. Puisque je reçois de Dieu le pouvoir de les dominer, je refuse d'hypothéquer mon âme entre les mains du Diable pour les avoir. Au contraire :

    a. Je dois coopérer avec vous pour les dominer.
    b. Je dois respecter la signature de Dieu sur vous car il l'a signé ainsi :« ce que j'ai fait est **très** bon. » Ge.1 : 31 ; Job.37 :7
    c. Je dois apprécier en vous le Dieu de la diversité qui, pour son bon plaisir a créé des animaux de différentes couleurs, des oiseaux et des fleurs de différentes couleurs, et des hommes de différentes couleurs.
4. Les bêtes de mêmes genres et de mêmes espèces s'entendent entre eux. Ils marchent par divisions. Ils respectent leur genre et leur espèce. Pr.30 :27

Ma couleur, ma hauteur, mes talents naturels, ma famille et ma nation ont été les choix de Dieu pour moi et pour vous aussi. Par conséquent, la discrimination est du Diable. Je dois donc vous accepter comme vous êtes et aimer Dieu en vous.

Conclusion
Il en résulte donc que vous devez être mon prochain.

Questions

1. Qui a découvert les lois de la gravitation universelle ? Le théologien et mathématicien anglais Isaac Newton.

2. Au départ, quel est le rôle de l'homme dans la création ? Dominer sur tous les éléments de la planète.

3. Que lui faut-il pour parvenir au bout de sa tache ? La coopération avec ses semblables

4. Quelle était l'impression de Dieu après la création de l'homme ? Ce qu'il a fait était très bon.

5. Que peut-on féliciter chez les animaux de même genre ? Ils s'entendent entre eux dans la forêt.

6. Vrai ou faux
   a. Dieu a créé une race supérieure. __ V __ F
   b. Un blanc ne peut être mon prochain. __V__F
   c. Le sang du noir est noir, le sang du blanc est blanc, le sang du jaune est jaune. __ V __ F
   d. Les blancs sont les seuls à être au centre de la terre. __V__F

Leçon 3
Celui en qui je vois ma propre image

Textes de base : Ge.1 : 6- 28 ; Ac.17 : 26
Texte à lire en classe : Ac.17 :22-27
Verset de mémoire : Il a fait que tous les hommes, sortis d'un seul sang, habitassent sur toute la surface de la terre, ayant déterminé la durée des temps et les bornes de leur demeure. **Ac. 17 :26**
Méthodes : Discours, comparaisons, questions
But : Montrez que l'Eternel est le Dieu de la diversité

Introduction
Quand Dieu initia la création, il **parla aux éléments** de la nature et ils furent créés selon leur espèce. Ge.1 : 6,9,14,20, 24
Mais arrivé à l'homme, **il parla à lui-même** et il le créa à son image et à sa ressemblance ».
Ge.1 : 28
Pourquoi cette distinction ?

I. L'homme est fils de Dieu
1. Dieu n'a pas d'espèce, l'homme non plus.
2. Tous les hommes sont sortis d'un seul sang. Ac.17 : 26
    a. Remarquez bien : La mule et le mulet résultats du croisement de l'âne et de la jument, le bardot résultat du croisement du cheval et de l'ânesse, sont des produits hybrides. Ils ne peuvent se reproduire

parce que leurs croisements viennent de bêtes d'espèces différentes.
   b. Au contraire, l'homme et la femme, quelles que soient leurs races ou leurs couleurs, engendreront des êtres humains. Ceux-ci, à leur tour, donneront naissance à d'autres personnes normales mais jamais à des hybrides. Ac. 17 : 26

II. Les hommes sont tous semblables.
1. Dans leur stature physique :
   a. Ils ont tous deux mains et deux pieds contrairement au singe qui a quatre mains.
   b. Ils sont tous à stature verticale, et sont nés pour dominer. Toutes les bêtes doivent avoir la tête baissée devant les hommes.
   c. Ils prennent la même position physique pour marcher, travailler et pour jouer.
2. Dans leurs besoins physiologiques :
   a. Ils sont tous omnivores.
   b. Ils se couchent pour dormir.
   c. Ils éprouvent comme moi, les mêmes besoins naturels, les mêmes besoins sentimentaux et sociaux.

Conclusion
Puisque ces facultés me sont divinement accordées, comme à vous, vous êtes le reflet de ce que je suis ; vous êtes mon prochain.

Questions

1. Comment Dieu a-t-il créé les éléments de la nature ? Il leur parla

2. Comment a-t-il créé l'homme ? Il parle lui-même ?

3. Pourquoi dit-on que l'homme est fils de Dieu ? Il est créé à son image et à sa ressemblance.

4. Pourquoi disons-nous que le bardot et le mulet sont des produits hybrides ? Ils ne pourront pas reproduire.

5. Que peut-on espérer des relations entre un blanc et un noir ? Une personne capable elle-même de reproduire.

6. Que peut-on déduire de la race humaine ? Les hommes sont tous issus d'un même Père.

7. Quel doit être leur rapport entre eux ? Celui de frère et de prochain

Leçon 4
Celui que Dieu appelle comme moi au salut

Textes de base : Es.53 : 5 ; 55 :1-13 ; Mt.7 :3 ; 11 :28 ; 28 :19-20 ; Jn.3 :16 ; Ro.3 :23 ; Gal. 6 :2 ; Ep.2 :8 ; 1Ti. 2 :3-4 ; Ja.3 : 2 ; 5 :16 ; 2Pi.3 :9 ; 1Jn.1 :8
Texte à lire en classe : Es.55 :1-6
Verset de mémoire : Vous tous qui avez soif, venez aux eaux, même celui qui n'a pas d'argent ! Venez, achetez et mangez, Venez, achetez du vin et du lait, sans argent, sans rien payer ! **Es. 55 :1**
Méthodes : Discours, comparaisons, questions
But : Montrer l'universalité du salut.

Introduction
L'apôtre des nations déclare que « tous ont péché, et sont privés de la gloire de Dieu ».
Ro. 3 :23
Nul n'est exempt du péché originel et nul ne peut oser dire qu'il n'a jamais péché. Il n'y a point de juste. Ro.3 : 10 ; 1Jn. 1 :8

I. **Elaborons sur ce sujet**
Noir ou jaune, blanc ou rouge, nous bronchons **tous** de plusieurs manières. Ja.3 :2 ;1Jn.1 :8

II. **Nous avons tendance à blâmer chez autrui ce que nous excusons chez nous.** Mt.7 :3
A la croix, Jésus est mort pour nos péchés et non pour les excuses. Es. 53 : 5

III. **Son plan de salut est le même pour tous.**
 1. C'est par la grâce que nous sommes sauvés. Ep.2 :8
 2. Il ne veut pas qu'aucun périsse mais que **tous** parviennent à la repentance. 1Ti.2 :3-42Pi.3 :9
 Dans cette décision, il ne prévoit pas les singes.

IV. **Son invitation est globale et individuelle**
 Venez à moi vous **tous**... Mt.11 :28
 ...Afin que **quiconque** croit ne périsse point. Jn.3 :16
 Il n'y a donc aucune excuse à cette invitation d'autant plus que vous n'avez rien à payer. Es.55 : 1

V. **Dieu me donne la responsabilité d'aller vous chercher pour que vous ayez accès à la vie éternelle.** Mt.28 : 19-20
 Nous devons nous supporter et nous exhorter afin de rester dans le chemin jusqu'à son dernier appel. Gal. 6 :2
 D'ailleurs, si je tombe en chemin, c'est à vous de me relever. Gal.6 :2 ; Ja. 5 :16

Conclusion
Puisque nous avons la même destination et la même espérance pour l'éternité, vous devez être dès ici-bas mon prochain.

Questions

1. Quelle était la déclaration formelle de l'apôtre Paul à l'égard des hommes ? Tous ont péché et sont privés de la gloire de Dieu.

2. Quelle est notre tendance naturelle ? Condamner chez les autres les fautes que nous excusons chez nous.

3. Qui sont appelés au salut ? Tous les hommes

4. Quelle est notre responsabilité envers nos semblables ? Leur prêcher l'Evangile en vue de leur salut.

5. Comment qualifier celui qui, comme moi, a la même espérance ? Il est mon prochain

6. Vrai ou faux
   a. Les blancs sont les fils de Dieu. Ils iront ciel. __V __F
   b. Les noirs sont les fils du Diable, ils iront en enfer. __V __F
   c. Dieu a un plan de salut pour les noirs, un autre pour les jaunes, les rouges et les blancs. __V __F

Leçon 5
Celui qui a besoin de mon aide

Textes de base : Le.19 :32 ; De.10 :19 ; 15 :5 ; Ps.10 :17-18 ; 68 :6 ; Mt.25 : 35-46 ; Ro.12 :5 ; Gal. 6 :2
Texte à lire en classe : Mt.25 : 31- 36
Verset de mémoire : Portez les fardeaux les uns des autres, et vous accomplirez ainsi la loi de Christ. **Gal. 6 :2**
Méthodes : Discours, comparaisons, questions
But : Montrer que l'entraide mutuelle est une obligation.

Introduction
Certaines questions, une fois posées, font ressortir des préjugés chez la personne qui les pose.

I. **Qui est mon prochain** ? Voyons :
   1. C'est le vieillard dont les facultés baissent en raison de l'âge et des vicissitudes de la vie. Le.19 :32
   2. C'est la veuve limitée dans ses moyens ayant une vie de solitude à gérer. Ps.68 :6
   3. C'est l'orphelin privé de tout, frustré à cause d'un avenir incertain. Ps.10 : 17-18
   4. C'est l'immigrant étrangé aux mœurs, à la langue, à la culture du pays d'accueil. Il ignore les opportunités et les moyens de les saisir. De.10 :19 ; Mt. 25 : 35, 41-43

5. C'est l'homme limité dans ses capacités que je dois aider car nous sommes les fils d'un même Père, par conséquent, membres les uns des autres. Ro.12 :5
6. C'est l'indigent dont le parent est « monsieur tout le monde ». De. 15 : 5

II. Quelle est leur condition
1. Tous ceux-là connaissent la gêne, la faim, la soif, le dénuement, l'abandon, l'incertitude jusqu'au désespoir.
2. Pour les comprendre il faut avoir, même pour une fois dans la vie, gouté de leur misère.
   a. Et maintenant, si on me demande qui est mon prochain, je peux répondre d'après mes expériences vécues : «N'était-ce la miséricorde de Dieu, je serais dans leur situation.»
   b. Au nom de ces jours malheureux que j'ai connus, je dois les servir comme mon prochain.

Conclusion
Si vous avez essuyé des déceptions, ou avez connu des revers de fortune, vous connaitrez, à partir de ces expériences qui est « mon prochain »

Questions

1. D'après la leçon, qui est mon prochain ? Le vieillard caduc, la veuve et l'orphelin démunis, l'immigrant et l'indigent.

2. Comment arriver à les comprendre ? Il faut avoir au moins une fois, vécu leurs expériences.

3. Qu'attendent-ils de nous ? La compréhension, l'aide morale, matériel ou spirituel

4. Pourquoi Dieu l'a-t-il fait ainsi ? Pour créer en nous la sympathie envers les autres.

5. Vrai ou faux
   a. Les hommes en difficultés sont des maudits. _V__F
   b. Les réfugiés sont tous des fauteurs de troubles. __V__F
   c. Les réfugiés nous viennent avec leurs défauts et leurs qualités. __V __F
   d. Jésus nous ordonne d'accueillir les étrangers. __V __F
   e. Nous sommes tous des locataires de Dieu. La terre appartient à Dieu seul. __ V __ F

Leçon 6
Celui qui adore mon Dieu à sa façon

Textes de base : Mc.9 :40 ; Lu. 10 :33-35 ; 18 :11
Texte à lire en classe : Mc.9 :38-41
Verset de mémoire : Qui n'est pas contre nous est pour nous. Mc.9 :40
Méthodes : Discours, comparaisons, questions
But : Montrer que Jésus combat la religion qui divise.

Introduction
Quand nous appartenons à des religions différentes, est-il prouvé que votre Dieu est plus Dieu que le mien ? Sur quoi allez-vous vous baser pour le prouver?

I. **Nous sommes de religions différentes, certes**
Cependant, dans la forêt, aucun animal, n'est pas plus animal qu'un autre. Pourquoi dans la forêt humaine, un homme se sent-il plus homme qu'un autre ? Mc. 9 :40 Lu.18 : 11

II. **Nous sommes différents par la hiérarchie, certes** (lévite, sacrificateur, pasteur, évêque...)
  1. Mais nous serons jugés d'après notre attitude à l'endroit du prochain.
  2. Prenons le cas du blessé sur la route de Jéricho :
      a. Il dévale comme moi la même pente de la vie ; mais lui, comme une victime. Lu.10 : 30-34

    b. Puisqu'il est en danger, son cas doit interroger ma conscience. Arriver en retard dans un service ne tue pas quand on est sur le chemin du devoir et de l'urgence.

III. Voyons son besoin :
    a. Il réclame des soins d'urgence et non un interrogatoire, un blâme ou l'abandon.
    b. C'est pour moi une occasion d'exercer la pitié et poster un bienfait à mon compte d'épargne dans le ciel. Lu.10 :33-35

IV. Comment l'aider ?
1. Avec compassion et non avec ma religion. Lu.10 : 34-35
    a. Je mets mon propre véhicule à sa disposition. Lu.10 : 34
    b. J'utilise mon *remède qui n'est pas périmé* pour le soigner.
    c. Je l'amène à mes frais dans un centre hospitalier. Lu.10 : 34-35

Conclusion
Si je peux ignorer ma religion pour le soigner, il doit être mon prochain.

Questions

1. Est-il prouvé que la religion rend l'homme supérieur ? Non

2. Quel animal est plus animal que les autres dans la forêt ? Aucun

3. Quel homme est plus homme que les autres dans la forêt humaine ? Aucun

4. Quelle religion rend l'homme plus chrétien que les autres ? Aucune

5. Qu'est-ce-qui élève la valeur d'un homme ? Sa capacité d'accepter et de supporter ses semblables.

6. Vrai ou faux
   a. J'aide les hommes au nom de ma religion. __V __F
   b. J'aide les autres au nom de l'humanité. __V __F
   c. Je me dois à tous quelle que soit leur religion. __V __F
   d. Celui qui a besoin de mon aide est mon prochain. __V __F

Leçon 7
Celui que Dieu appelle comme moi
à aider le plus faible

Textes de base : Es.58 : 7 ; Mc.9 :40 ; Lu.10 : 25- 37
Texte à lire en classe : Lu.10 : 29-37
Verset de mémoire : Partage ton pain avec celui qui a faim, Et fais entrer dans ta maison les malheureux sans asile ; Si tu vois un homme nu, couvre-le, Et ne te détourne pas de ton semblable. Es.58 :7
Méthodes : Discours, comparaisons, questions
But : Montrez l'obligation des œuvres sociales

Introduction
Tous les hommes sont les mêmes mais tous n'ont pas le même potentiel. Dieu l'a fait ainsi pour créer un système d'interdépendance et favoriser l'harmonie dans les relations humaines. Que nous faut-il donc ?

I. Il nous faut développer l'esprit de service et non de servitude.
1. Autrement les mots : interdépendance, interaction et intervention n'auraient aucune valeur morale.
   Vous partagez votre pain avec un sans-pain. Vous abritez un sans-logis. Vous habillez l'homme nu. Ces gestes constituent un avaloir remis au Dieu à qui nous sommes les éternels débiteurs. Es.58 :7

2. La personne aidée doit conserver sa dignité. Autrement, elle se sentira humiliée parce qu'elle aura perdu sa valeur d'homme. Lu.10 : 34-35
3. Le blessé sur la route de Jéricho n'avait jamais sollicité de l'aide. Le Bon Samaritain est venu à son secours au nom de l'amour. La religion avec les beaux sermons, les rites et les cérémonies ne guérit pas les blessures. Lu.10 :31-32

II. **Il nous faut développer le respect mutuel et non l'exploitation.**
1. En mettant les frais d'hospitalisation sur son compte, le Bon Samaritain n'avait nullement en tête d'être remboursé. Lu.10 :36
   a. Il avait voulu plutôt sauver une vie.
   b. Il a honoré l'image de Dieu dans l'autre.
   c. Il a sauvé le prochain au nom de l'amour.
   d. Un Samaritain ? D'accord. Mais qui n'est pas contre moi est pour moi, dit Jésus. Mc.9 :40
2. Vouloir exterminer une race jugée de trop sur la planète par pur préjugé est diabolique. Vouloir imposer aux âmes l'œcuménisme est diabolique.

Conclusion

Chacun est faible à ses heures et dans certains domaines. Assistons-nous les uns les autres en dehors de la religion. Ce sera l'œuvre du Bon Samaritain envers le prochain.

Questions

1. Quel devrait être le motif pour aider son prochain ?
   L'aider sans l'asservir ni l'exploiter

2. Que fait-on en aidant une personne dans ses besoins primaires ? On remet à travers le prochain une portion de ce qu'on doit à Dieu.

3. Quelle doit être l'impression de la personne aidée après tout ? Que sa dignité est restée intacte.

4. Comment juger l'extermination d'une race sur la planète ? une entreprise diabolique

5. Comment juger la contrainte religieuse pour assujettir tout le monde a une seule religion ? C'est encore une entreprise diabolique.

6. Comment qualifier l'aide à quelqu'un d'une religion différente de la sienne ? C'est l'œuvre du Bon Samaritain

Leçon 8
Celui qui comme moi est frappé par la fatalité

Textes de base : Lu.10 :30 ; Ac. 16 :25-31 ; 20 :34
Texte à lire en classe : Lu.10 : 29-37
Verset de mémoire : Il faut que les nôtres aussi apprennent à pratiquer de bonnes œuvres pour subvenir aux besoins pressants, afin qu'ils ne soient pas sans produire des fruits. Ti.3 :14
Méthodes : Discours, comparaisons, questions
But : Montrer que le chrétien doit être disposé à s'offrir dans les cas imprévus comme Jésus dans le cas de la multiplication pains.

Introduction
J'aime entendre l'apôtre Paul dire : « Vous savez vous-mêmes que ces mains ont pourvu à mes besoins et à ceux des personnes qui étaient avec moi. Ac.20 :34 Mais ne lui arrive-t-il pas d'avoir à manquer du nécessaire ? C'est le cas de tout homme, riche ou pauvre, grand et petit. Et pour preuves :

I. Dans les cas fortuits
1. De fléaux naturels : La sécheresse, l'épidémie, les cyclones frappent sans préjugé et la pénurie s'établit à l'instant.
2. Des crises de guerre : la rareté est produite instantanément. Le marché noir s'installe. Les gens meurent d'inanition et de soif.
3. Les moyens de transport sont réduits.

4. Dans les cas d'accident. Tous les hommes sont frères. Même le bourreau fléchissait devant ses prisonniers Paul et Silas. Il les appelle « Seigneurs ». Ac.16 :31

II. Dans les revers de fortune
1. Cas de maladie
2. Cas de faillite
3. Cas d'incendie

Ecoutez les cris d'appel au secours. Nul n'y ajoute : «Je suis riche, je suis beau ou belle, je suis une star, je suis blanc ou noir. Je suis un diplômé d'Université. »
Voilà où commence la tâche du « Bon Samaritain » de cet inconnu désormais célèbre par sa compassion, par son dévouement déployé pour sauver un étranger à ses frais. Lu.10 : 30

Conclusion
Et me voilà invité dans l'un ou dans l'autre cas à me présenter au bord de la route sans la chance de réfléchir sur mes actes pour aider quelqu'un sans un intérêt personnel. N'est-ce-pas que j'ai affaire à mon prochain ?

Questions

1. Quand les hommes réalisent-ils qu'ils sont tous frères ? Dans le malheur

2. Citez-nous en quelques-uns
   Dans les cas de fléaux naturels, des crises de guerre, dans les cas d'accident ou de revers de fortune.

3. Où commence la tâche du bon Samaritain ? Là où l'on a besoin d'aide

4. Comment le bourreau de Paul et de Silas les appelle-t-il à l'heure du danger ? Seigneurs

5. Quel est le cri d'appel au secours jamais entendu ? Venez à mon secours, je suis riche, je suis beau, je suis un diplômé d'Université.

Leçon 9
Celui qui comme moi est sujet aux mêmes faiblesses

Textes de base : Mt.7 : 1-12 ; Ja.2 :1,9 ;3 :2
Texte à lire en classe : Mt.7 :1-5
Verset de mémoire : Tout ce que vous voulez que les hommes fassent pour vous, faites-le de même pour eux, car c'est la Loi et les Prophètes. Mt. 7 : 12
Méthodes : Discours, comparaisons, questions
But : Avoir notre frère comme le miroir où nous pouvons voir nos propres faiblesses.

Introduction
Rien ne rend l'homme plus humain que l'application de la Règle d'Or : « Tout ce que vous voulez que les hommes fassent pour vous, faites-le de même pour eux, car c'est la Loi et les Prophètes. Mt. 7 : 12
De cette vérité éternelle, sort toute une gamme de responsabilités envers nos semblables.

I. **Laisse-moi d'abord voir mon frère de près.**
   1. Il a du sang dans les veines comme moi.
      a. Il peut se fâcher comme moi.
      b. Il peut souffrir et faire souffrir comme moi.
   2. Si vous avez le droit de vous fâcher, ainsi en est-il de votre frère.
   Il est votre semblable, sujet aux mêmes faiblesses car nous bronchons tous de plusieurs manières. Ja. 3 :2

II. **Je dois le juger en me jugeant d'abord.** Le plus souvent, nous condamnons chez autrui notre propre défaut que nous refusons d'admettre. Jésus nous reproche cette attitude. Mt.7 :3-5

III. **Je dois chercher à le comprendre à la lumière de mes propres faiblesses.**
  1. Ainsi si je suis autorisé à le punir, je dois le faire avec mesure. Je dois le punir sans préjudice à sa couleur, sa hauteur, sa race ou son degré de fortune. Ja.2 :1, 9
  2. Je ne dois pas l'inculper ou le disculper sous la base de sa culture ou son éducation ou sa profession de foi. La justice est impartiale ; elle délibère au fait.
  3. Je dois tourner le couteau contre ma propre conscience car le frère qui est devant moi est le miroir où je vois mes propres faiblesses.

Conclusion
Et vous voilà devenu plus humain dans votre manière de traiter avec le prochain.

Questions

1. Que stipule la règle d'or ? Faire pour autrui ce que vous espérez qu'on fasse pour vous.

2. Comment voir son frère ? A la lumière de ce que vous êtes.

3. Comment doit-on juger les autres ? A la lumière de ses propres faiblesses

4. Que faire de la religion ou de la race de l'autre ? Ces entités ne me rendent pas plus humain.

5. Quelle est la meilleurs façon de délibérer sur le cas de mon frère ? Je dois d'abord tourner le couteau contre moi.

Leçon 10
Celui qui comme moi doit quitter la planète

Textes de base : Ps.136 : 6 ; Mt. 16 :18 ; 25 :31-44 ; Lu.16 : 24-26 ; Jn.16 :13 ; Ro.6 : 23 ; 2Co.5 :10 ; He. 4 :14 ; Ja. 2 :26 ; 1Jn.1 :7
Texte à lire en classe : 2Co.5 :1-10
Verset de mémoire : Car il nous faut tous comparaître devant le tribunal de Christ, afin que chacun reçoive selon le bien ou le mal qu'il aura fait, étant dans son corps. 2Co.5 :10
Méthodes : Discours, comparaisons, questions
But : Mettre tous les hommes devant la triste réalité. Il nous faut affronter le jugement dernier.

Introduction
Au Psaume 136, il est dit que Dieu « a étendu la terre sur les eaux, soit un tiers de solide sur deux-tiers de liquide. Il s'ensuit que **tous** les habitants de la terre sont des voyageurs à bord d'un même bateau. Quel que soit votre port d'embarquement, **tous** nous débarquerons au port de la mort et affronterons l'immigration du jugement dernier. 2Co.5 :10

I. En quoi sommes-nous semblables ?
1. Nous sommes tous des victimes du péché. Ro. 6 :23
2. Les 10 commandements, les rites et les cérémonies sont incapables de nous sauver. Lu.10 : 31-32

3. Jésus a laissé son trône pour venir nous sauver.
   Lu.19 :10 ; He.4 :14
   a. Le vin symbolise son sang versé pour nous purifier de tout péché. Lu. 10 : 34 ; 1Jn.1 :7
   b. L'huile symbolise le Saint Esprit pour achever son œuvre en nous.
      Lu.10 :34 ; Jn.16 :13
   c. L'Eglise est l'hôpital du Saint Esprit pour les soins supplémentaires.
      Mt.16 :18 ; Lu.10 :35
   d. La foi est sa carte de crédit que nous pouvons utiliser jusqu'à son retour.
      Lu. 10 : 35

II. En quoi sommes-nous différents ?
Nous sommes tous des pécheurs. Jésus, le bon Samaritain, seul peut nous sauver. Il dépend de vous de l'accepter comme votre Sauveur. Ac.4 :12

III. Quelle est l'ultime recommandation ?
1. Servez tous les hommes sans distinction maintenant. Ja.2 :26
2. Songez que Jésus les aime tous maintenant et en prend soin maintenant.
   A la croix du Calvaire il a payé pour leur salut et pour le vôtre maintenant. Ac.2 :38-39

Conclusion

Un jour, vous comparaitrez avec eux devant le tribunal de Christ. Il sera trop tard de demander « Qui est mon prochain. »

Questions

1. Comment considérer les hommes sur la planète ?
   Comme des voyageurs dans un même bateau

2. Quel est le port de débarquement ? La mort

3. Quel est le bureau devant lequel tous doivent présenter ? Le bureau d'Immigration du jugement dernier

4. En quoi serons-nous différents à cette heure-là ?
   Certains seront destinés à la vie éternelle et d'autres à la mort éternelle.

5. Pourquoi n'y aura-t-il pas de priorité à cette heure-là ?
   Tous sont des pécheurs sans distinction.

6. Quelle est l'ultime recommandation du Seigneur ?
   On doit aimer et servir tout le monde maintenant.

Leçon 11
Celui qui comme moi est limité dans ses calculs

Textes de base : Ps. 139 :2 ; 147 :4 ; Es.57 :15 ; Mt. 10 :30 ; 16 :3 ; Jn.6 :9-12 ; 14 :3 ; 17 :20 ; Ro.8 :30
Texte à lire en classe : Jn.6 :9-12
Verset de mémoire : Jette ton pain sur la face des eaux, car avec le temps tu le retrouveras. **Ecc.11 :1**
Méthodes : Discours, comparaisons, questions
But : Montrer la nécessité de refouler notre égocentrisme quand il s'agit de sauver le prochain.

Introduction
Dans la statistique on parle de probabilité, dans les budgets on parle de prévision. Durant toute sa vie, l'homme doit venir avec des calculs. C'est une sagesse. Pourquoi ?

I. **Les calculs humains sont relatifs**.
 1. En arithmétique, 2 et 2 font 4. Deux fois 2 font 4. Demandez à Jésus, combien font 2 et 7. Il vous prouvera que 2 et 7 font 5,000 et mieux que 5,000. Jn. 6 : 9-12
 2. Dans les prévisions météorologiques Quand le ciel est d'un rouge sombre, les gens disent qu'il y aura orage. Les gens savent discerner l'aspect du ciel mais ils ne peuvent pas discerner les signes des temps. Ils peuvent indiquer la catégorie des ouragans, mais ne peuvent en aucun cas, en limiter les dégâts. Mt.16 :3

II. **Les calculs divins sont absolus.**
  1. Dieu est transcendant. Es. 57 :15
     a. Il connait le nombre des étoiles et leur donne à tous des noms. Ps.147 : 4
     b. Il connait nos plus secrètes pensées. Ps. 139 : 2
     c. Il compte même les cheveux de notre tête.Mt.10 :30
     d. Il connait le nombre des sauvés. Il les appelle, les justifie et les glorifie. Ro.8 : 30
  2. Un Dieu immanent. Il s'est fait homme pour vivre parmi nous. Quel mystère !
     a. Il accepte de partager nos misères jusqu'à nous sauver de la mort et il fait provision pour sauver tous les croyants. Jn.17 : 20
     b. Il prévoit pour nous une place à ses côtés dans le ciel. Jn.14 :3

Conclusion
Puisque ce Dieu est votre Père et qu'il est aussi mon Père, il va sans dire que vous êtes mon prochain.

Questions

1. Pourquoi disons-nous que les calculs humains sont relatifs ?
   a. Deux et deux ne font pas toujours quatre.
   b. Jésus peut prouver que 2 et 5 peuvent valoir 5000.

2. Quelle est la limite de l'homme dans ses prévisions ?
   Il est impuissant devant les dégâts des ouragans.

3. Justifiez les calculs de Dieu.
   Il connait le nombre des étoiles, le nombre de cheveux de notre tête et le nombre des sauvés.

4. Puisque Dieu est votre Père et qu'il est aussi mon Père, qui suis-je pour vous ? Mon prochain

Leçon 12
Celui qui comme moi doit baisser pavillon devant un enfant

Textes de base: Mt.14 :15-21 ; Jn. 6 :9-11 ; 7 :37-39 ;
Texte à lire en classe : Mt.14 :15-21
Verset de mémoire : Jésus leur répondit : Ils n'ont pas besoin de s'en aller ; donnez-leur vous-mêmes à manger. **Mt.14 :16**
Méthodes : Discours, comparaisons, questions

Introduction
L'Eternel Dieu a confondu ses ennemis par le geste d'un enfant. Son message demeure éternel.

I. Fait historique
Jésus avait besoin de nourrir une foule au moment où toute possibilité était éteinte.
1. Les disciples vinrent avec une solution : Prononcez la bénédiction pour renvoyer la foule.
2. Jésus ne votait jamais pour la solution facile : *Donnez-leur vous-mêmes à manger, leur dit-il.* Mt.14 :16
   a. **C'est la** responsabilité **de l'Eglise** et non du gouvernement
   b. Des fleuves d'eaux vives de Dieu doivent couler **de son Eglise vers** la foule. Jn.7 :37

3. Il utilisa les moyens du bord : les 5 pains et les 2 poissons, le lunch d'un petit garçon. Jn.6 : 9-11

II. Identifions le petit garçon.

1. Par sa générosité : il donne son bien à cent pour cent à Jésus. Jn.6 : 9-11
Cette consécration totale au Seigneur, produit le miracle de changement au profit de tous. Le peu devient trop.
2. Par son humilité et sa foi.
   a. L'enfant n'avait aucune notion du nombre de personnes à nourrir avec sa petite portion. Il obéit tout simplement à Jésus.
   b. Rien ne dit qu'il a disparu de la foule pour aller et pleurer après avoir fait son don.
3. La bible ne dit rien sur ses parents. De quoi imiter cet enfant indépendamment de ses parents.
4. Cet enfant dont nous ignorons le nom, reste célèbre et éternel par son geste.

Conclusion

Si Jésus a besoin d'utiliser vos biens pour sauver une multitude, allez-vous accepter ? Voyez aujourd'hui à vos côtés le prochain sans pain à la fin de la journée. Provoquez le miracle et cessez de demander « Qui est mon prochain ? »

Questions

1. Quelle la solution la plus facile à trouver ?
   Fermer les yeux sur les besoins des autres.

2. Qu'est-ce-que Jésus a ordonné aux disciples ?
   De donner amanger a la multitude

3. Que nous suggère cet ordre ? Si le gouvernement nourrit le peuple, c'est une indication que l'Eglise a négligé son rôle.

4. Que nous faut-il pour aider ? Un cœur compatissant et le minimum dont nous disposons

5. Faites le portrait du petit garçon
   Il était généreux et humble.

6. Que faut-il pour l'accomplissement de grands miracles ? La consécration à Jésus à cent pour cent.

Récapitulation des versets

1. Puis Dieu dit: Faisons l'homme à notre image, selon notre ressemblance, et qu'il domine sur les poissons de la mer, sur les oiseaux du ciel, sur le bétail, sur toute la terre, et sur tous les reptiles qui rampent sur la terre. Ge.1 :26

2. Il met un sceau sur la main de tous les hommes, Afin que tous se reconnaissent comme ses créatures. Job. 37 :7

3. Il a fait que tous les hommes, sortis d'un seul sang, habitassent sur toute la surface de la terre, ayant déterminé la durée des temps et les bornes de leur demeure. Ac.17 :26

4. Vous tous qui avez soif, venez aux eaux, Même celui qui n'a pas d'argent! Venez, achetez et mangez, Venez, achetez du vin et du lait, sans argent, sans rien payer! Es.55 :1

5. Portez les fardeaux les uns des autres, et vous accomplirez ainsi la loi de Christ. Ga. 6 :2

6. Qui n'est pas contre nous est pour nous. Mc.9 :40

7. Partage ton pain avec celui qui a faim, Et fais entrer dans ta maison les malheureux sans asile; Si tu vois un homme nu, couvre-le, Et ne te détourne pas de ton semblable. Es.58 :7

8. I faut que les nôtres aussi apprennent à pratiquer de bonnes œuvres pour subvenir aux besoins pressants, afin qu'ils ne soient pas sans produire des fruits. Ti.3 :14

9. Tout ce que vous voulez que les hommes fassent pour vous, faites-le de même pour eux, car c'est la loi et les prophètes. Mt.7 :12

10. Car il nous faut tous comparaître devant le tribunal de Christ, afin que chacun reçoive selon le bien ou le mal qu'il aura fait, étant dans son corps. 2Co.5 :10

11. Jette ton pain sur la face des eaux, car avec le temps tu le retrouveras. Ecc. 11 :1

12. Jésus leur répondit : Ils n'ont pas besoin de s'en aller ; donnez-leur vous-mêmes à manger. Mt.14 :16

Feuille d'évaluation

1. Quelle partie de ces 12 leçons vous a le plus touché ?
   a. Pour vous-même ? _____
   b. Pour votre famille ? _____
   c. Pour votre Eglise? _____
   d. Pour votre pays? _____

2. Quelle est votre décision immédiatement après la classe ?
   _____

3. Quelles sont vos suggestions pour l'Ecole du Dimanche:
   a._____
   b._____
   c._____

4. Questions purement personnelles :
   a. Quelle est ma contribution pour le développement de cette Eglise ?
   _____
   b. Quel effort ai-je fait jusqu'ici pour améliorer sa condition ? _____
   c. Si Jésus vient maintenant, serai-je fier de mes œuvres ? _____

TORCHE CONQUERANTE

Volume 20 - Série 4

COMMENT DIEU VOIT-IL NOS OFFRANDES ?

Avant-propos

Les offrandes à Dieu entrent dans l'éducation de tous les juifs et de tous les chrétiens. Elles ne sont jamais trop abondantes, ni trop demandées quand il s'agit de les lui offrir.

Pasteur Renaut Pierre-Louis

Leçon 1
L'offrande à l'Eternel, un privilège

Textes de base : Ge.4 :1-15 ; **Ex.**35 : 22-35 ; 36 :2-7 ; 1Ch.29 :14 ; Ag.2 :8 ; He.6 :10
Texte à lire en classe : Ex.35 :4-10
Verset de mémoire : Prenez sur ce qui vous appartient une offrande pour l'Éternel. Tout homme dont le cœur est bien disposé apportera en offrande à l'Éternel : de l'or, de l'argent et de l'airain **Ex.35 :5**
Méthodes : Discours, comparaisons, questions
But : Montrer que Dieu attend de nous le meilleur de nous -mêmes

Introduction
Si quelqu'un croit accorder une faveur à l'Eternel par le versement de son offrande à l'Eglise, il doit d'abord se renseigner auprès de Cain pour en connaitre les conséquences. Ge.4 :4-5
Voyons les principes de l'offrande :

I. Elle doit venir d'un cœur bien disposé.
　Ex.35 : 22,26,29 ; 36 :2
　1. Ce que vous apportez à l'Eternel doit être **vôtre** et doit refléter une expression de votre cœur. Ex. 35 :5
　2. Elle doit être volontaire. Ex.35 : 29

II. Elle doit être de valeur
　1. De l'or, de l'argent et de l'airain.
　　Ex.35 :5-9, 19-21

2. En d'autres termes, il attend de vous le meilleur de vous-mêmes.
   Ex.35 : 22,26 ; 36 :3

III. Elle doit exprimer votre reconnaissance
1. C'est une affaire entre vous et votre Dieu. Les ouvriers du temps de Moise demandaient de faire cesser les contributions pour la construction du temple parce que les dons étaient de trop. Imaginez que la Banque ou l'Eglise refusent votre dépôt tant il est énorme ! Ex. 36 :4-7

IV. Ce qu'il vous faut savoir
1. Dieu tient une comptabilité fidèle de vos contributions. He.6 :10
2. Payer ses dettes à son créancier n'est pas lui rendre service. Dieu ne s'étonnera pas de votre contribution.
   a. L'or et l'argent sont à moi, dit l'Eternel. Ag.2 :8
   b. Dites comme David : « Nous recevons de ta main ce que nous t'offrons. » 1Ch.29 :14

Conclusion
Si vous n'êtes pas sûr, allez auprès d'Abel et demandez-lui de vous prêter son vêtement d'adoration et de louange. Ainsi vous serez humble pour adorer le Dieu bon et généreux et lui présenter une offrande agréable.

Questions

1. Quelles sont les conditions pour qu'une offrande soit agréable à Dieu ?
   a. Elle doit venir d'un cœur bien disposé.
   b. Elle doit vous coûter.
   c. Elle doit exprimer la reconnaissance du donateur.

2. De quoi vous faut-il vous rappeler ?
   a. Dieu sait combien vous possédez.
   b. Dieu ne va pas s'étonner de votre contribution.
   c. Tout ce que vous lui donnez, vient de lui.

3. Quel événement sans précédent était arrivé à la construction du tabernacle ?
   Les ouvriers demandèrent à Moise faire cesser les contributions. Ils en avaient trop.

4. A part leurs contributions matérielles, qu'est-ce-que le peuple investissait dans la construction ?
   Leurs talents

5. Quelle offrande que Dieu refuse-t-il ?
   L'offrande d'orgueil et méprisable comme celle de Cain.

Leçon 2
L'offrande à l'Eternel, une obligation

Textes de base : Ex.11 :5-7 ; 12 :40 ; 14 :14 ;16 :35 ; 30 : 11-16 ; Mt.27 : 35 ; Jn.3 :16 ; Ro.6 :4,22 ; 12 :1-3 ; He.10 :4
Texte à lire en classe : Ro.12 :1-3
Verset de mémoire : Je vous exhorte donc, frères, par les compassions de Dieu, à offrir vos corps comme un sacrifice vivant, saint, agréable à Dieu, ce qui sera de votre part un culte raisonnable. **Ro.12 :1**
Méthodes : Discours, comparaisons, questions
But : Montrer comment Dieu attend que nous apprécions le sacrifice de son Fils sur la croix pour nous sauver.

Introduction
Plus qu'un privilège, la présentation de l'offrande à l'Eternel est un devoir. En voici les raisons :

I. **Les juifs sont tous des rachetés de l'Eternel.**
   1. Il a payé gros pour leur rachat.
      a. Il a mis la mort en état d'arrestation pour délivrer Israël de la main de pharaon. Ex.11 : 5-7
      b. Il a fait à lui seul les frais pour la traversée de la Mer Rouge. Ex.14 : 14
      c. Il leur donne à manger sa manne pendant quarante ans dans le Désert. Ex.16 : 35

d. Après quatre cent trente ans d'esclavage, ils sont libres pour travailler et économiser. Ex.12 : 40
   e. C'est alors que Dieu exige de lui une légitime portion de ses avoirs. Ex.30 :11-12,15-16
2. Le prix du rachat doit être le même pour tous riches ou pauvres. Ex.30 :12,15-16

II. Jésus nous fait la même exigence
1. Puisqu' Il a pris le risque de la honte sur la croix pour vous libérer de la puissance du péché. Mt.27 :35
2. Puisque vous avez été baptisés dans le sang de Jésus-Christ pour être délivrés de la puissance du malin. Ro.6 :4
3. Puisque vous êtes devenus des affranchis du Seigneur. Ro.6 :22
4. Et puisque maintenant, Dieu refuse les sacrifices d'animaux.
   a. Parce que pour votre salut, il n'avait pas sacrifié une bête ni un compte en banque. He.10 :4
   b. Il avait offert son Fils comme un sacrifice vivant. Jn.3 :16

Alors, il vous demande de vous offrir vous -même comme un sacrifice vivant, saint et agréable à Dieu. Ro.12 :1-3

Conclusion
Dès aujourd'hui chantez :
« Jésus, doux maitre, règne sur moi… Rends moi docile, ton prisonnier »

Questions

1. Comment Dieu avait-il racheté Israël ?
   a. Il l'avait délivré de la servitude en Egypte.
   b. Il lui donna à manger pendant quarante ans dans le désert

2. Que lui ordonne-t-il ?
   Que chacun paye le prix du rachat de sa personne.

3. Pourquoi Jésus nous fit-il la même exigence ?
   a. Parce qu'il a accepté de mourir à notre place pour nous racheter de nos péchés.
   b. Parce que nous sommes maintenant les affranchis du Seigneur.

4. Qu'est-ce que Dieu attend de nous ?
   Que nous nous offrions à lui comme un sacrifice vivant

Leçon 3
Jésus, la vraie offrande

Textes de base : De.16 :16b ; Jn. 3 :16 ; 4 :10 ; 20 :17 ; Ro.6 :22 ; 12 :1-3 ; 1Ti.6 :10 ; He. 10 :19 ; 11 :6

Texte à lire en classe : He.10 : 19-25

Verset de mémoire : Mais maintenant, en Jésus Christ, vous qui étiez jadis éloignés, vous avez été rapprochés par le sang de Christ. **Ep.2 :13**

Méthodes : Discours, comparaisons, questions

Introduction
L'offrande à Dieu cache un mystère à dévoiler.

I. Quel est le rôle de Jésus dans la présentation de nos offrandes à Dieu ?
1. Puisqu'il est notre partenaire dans nos prières, il nous demande de prier ainsi : « **Notre Père** » soit son Père et notre Père, car il faut **la signature de son sang** pour valider notre demande. Jn.20 :17
2. De même, à la présentation de notre offrande, Dieu reçoit deux sacrifices :
   a. D'abord **le sacrifice du sang de Jésus** sur nos offrandes. He.10 :19
   b. Ensuite nous-mêmes qu'il accepte au nom de son Fils **comme un sacrifice vivant**. Ro. 12 : 1

3. Ce que nous lui offrons est symbolique.
   a. Pour Dieu, sa priorité c'est **nous les adorateurs** et non notre argent.
   b. Il sait que notre attachement au bien matériel éloigne nos cœurs de lui. 1Ti.6 : 10
   c. En présentant une offrande généreuse, nous ne faisons d'ailleurs que l'imiter, car **son grand amour** pour nous s'est exprimé par **un sacrifice**. Jn.3 :16
4. Il nous ordonne de ne pas venir en sa présence avec les mains vides. De.16 :16
   a. En retour, on ne sort jamais de sa présence avec les mains vides. He. 11 :6
   b. Il échangera avec nous des biens éternels contre nos dons temporels, périssables. Jn.4 : 10
   c. Rappelons-nous que nous sommes les esclaves de Dieu. Par conséquent, tous nos biens sont à lui sans discussion. Ro.6 :22

Conclusion

Vous les rachetés du Seigneur, glorifiez-le en lui apportant vos dons car jamais on ne sort devant lui sans être béni. De. 16 :16 ; He.11 :6

Questions

1. Quelle est le rôle de Jésus dans la présentation de nos offrandes ?
   a. Il y est notre partenaire.
   b. Il offre son sang comme signature pour valider notre offrande.

2. Pourquoi disons-nous que Dieu reçoit deux sacrifices dans la présentation de notre offrande ?
   Parce que Dieu n'accepter jamais notre sacrifice s'il n'est pas couvert par le sacrifice du sang de Jésus-Christ.

3. Qu'est-ce-que Dieu recherche dans l'offrande ?
   L'attitude du cœur de l'adorateur.

4. Pourquoi disons-nous que la présentation de notre offrande n'a rien d'extraordinaire ?
   Dieu nous avait donné l'exemple en sacrifiant ce qu'il a de plus cher pour nous sauver.

5. Quel est le secret de l'offrande ?
   Quand on ne vient pas à vide dans la présence de Dieu on n'en sort jamais à vide.

Leçon 4
L'offrande doit être préparée à l'avance

Textes de base : Ge.4 :4-8 ; 12 :2 ; Mt.6 :24 ; Lu.12 :16-21 ; 1Co. 9 :11-14 ; 16 :2 ; 2Co.8 :3 ; 9 :8 ; 1Ti.6 :10 ; He.6 :10
Texte à lire en classe : 2Co. 8 : 1-5
Verset de mémoire : Que chacun de vous, le premier jour de la semaine, mette à part chez lui ce qu'il pourra, selon sa prospérité. **1Co.16 :2a**
Méthodes : Discours, comparaisons, questions
But : Donner la preuve que Dieu domine nos pensées.

Introduction
Savez-vous que Dieu n'a pas affaire à des charlatans ? Etes-vous son fils ? Eh bien !

I. Votre offrande doit être pensée.
1. Parce que Dieu doit dominer vos pensées.
2. Parce qu'il attend de vous des offrandes de qualité. 1Co.16 :2

II. Enumérons les raisons :
1. Donner l'offrande délivre de la cupidité, de l'égoïsme du matérialisme et de l'idolâtrie. 1Ti.6 : 10
   Mammon est un esprit qui contrôle l'argent. Mt.6 :24

2. Qui n'a pas peur de voler Dieu, n'aura pas peur de voler l'homme. Cain en est un exemple. Ge. 4 : 4-8
3. Vous devez donner à Dieu ce qui vous coûte, ce qui vous dérange. 2Co.8 :3
4. Vous donnez à Dieu pour être béni. Dieu bénira votre cœur avant de bénir votre poche. 2Co.9 :8
5. Dieu vous bénit pour que vous soyez des sources de bénédiction. Ge. 12 : 2

III. Ce qu'il faut vous rappeler
1. Après avoir versé votre offrande, votre vie vous reste pour continuer à produire.
L'homme riche l'avait oublié. Il prit sa retraite et se décide à manger et à boire jusqu'à la mort. Lu.12 : 16-21
2. L'offrande c'est l'adoration en papier, en des biens matériels. Elle doit être l'expression du cœur. 1Co. 9 : 11-14
3. Dieu voit ce qui vous reste après avoir donné. La veuve n'avait rien qui lui reste après avoir donné **son maximum**. Aux riches il reste **tout le maximum**. Mc.12 :44

Conclusion
Le plus riche est celui qui accepte de se séparer de tout pour avoir Dieu. Ayez foi en un Dieu fidèle et juste ! He.6 :10

Questions

1. Pour qui Dieu vous prend-t-il ? Pour ses fils

2. D'après cette leçon, qu'attend-t-il de vous ?
   a. Que vous pensiez à ce que vous allez lui offrir
   b. Que votre offrande soit raisonnable.

3. Quelle est la vertu de l'offrande ?
   Elle vous délivre de la cupidité, de l'égoïsme, du matérialisme et de l'idolâtrie.

4. Quel est le but de l'offrande ?
   Rechercher la bénédiction de Dieu

5. Qu'est-ce-que Dieu regarde après le versement de votre offrande ?
   Ce qui vous reste après l'avoir donnée.

Leçon 5
Les offrandes d'action de grâces

Textes de base : Ex.23 :14 ; Le.3 :1-5 ; 1Ch.29 :14 ; Ps.34 :2 ; 1R.9 :25 ; Jn.6 :11 ; 1Co.1 :4 ; Ep.5 :4 ; 1Th. 5 :18 ; Ap.7 :11-12
Texte à lire en classe : Ex.23 :14-19
Verset de mémoire : Trois fois par année, tu célébreras des fêtes en mon honneur. **Ex.23 :14**
Méthodes : Discours, comparaisons, questions
But : Montrer que Dieu tient à être remercié.

Introduction
En voilà une ! L'action de grâce, d'où vient-elle ? Qui doit la pratiquer et sous quelles formes ?

I. Elle vient du ciel
1. Les anges rendent continuellement grâces à Dieu. Ap. 7 :11-12
2. Avant de distribuer le pain, Jésus rendit grâces à son Père. Jn.6 :11
3. Les apôtres le font aussi d'une manière continuelle. 1Co.1 :4
4. Elle devrait constituer pour nous un mode de vie. Ep.5 :4 ; 1Th.5 :18

II. Comment définir l'action de grâces ?
1. C'est la manifestation joyeuse de notre reconnaissance à Dieu pour ses bienfaits. David dit « qu'il bénira l'Eternel en tout temps » Ps.34 :2

2. L'Eternel a ordonné à Israël de la célébrer trois fois par année. Ex.23 :14
3. Le roi Salomon observait cette prescription à la lettre. 1R.9 :25
4. Cependant, l'action de grâces doit s'exprimer par le sacrifice d'une bête sans défaut : Le.3 :1
   a. Elle doit être amenée par le donateur en personne et sera complètement brulée en l'honneur de l'Eternel. Le.3 :2,5
   b. L'offrande doit être substantielle : Salomon offrit à Dieu des holocaustes. 1R. 9 :25
   c. Elle doit être solennelle : il offrit des parfums, c'est-à-dire une adoration profonde. 1R.9 :25
   d. Elle doit être exceptionnelle : **Il acheva la maison de l'Eternel. Autant dire qu'il dépense plus pour l'Eternel que pour la réception.** 1R.9 : 25

Conclusion
Rappelez-vous d'être humble devant celui qui possède tout et de qui nous dépendons. 1Ch.29 :14

Questions

1. Que signifie l'Offrande d'Actions de grâces ?
   a. Remerciements
   b. Manifestation joyeuse de notre reconnaissance à Dieu pour ses bienfaits.

2. Qui, avant l'homme savait offrir des actions de grâces à l'Eternel ? Les anges

3. Qui nous apprend à le faire ? Dieu le Père et Jésus son Fils

4. Comment cette offrande doit être présentée ?
   a. Elle doit être pure et sans tache.
   b. Elle doit être présentée par le donateur avec humilité.
   c. Elle doit être substantielle, solennelle, exceptionnelle.

5. Vrai ou faux
   a. Si je ne suis pas riche comme Salomon, je ne peux offrir à Dieu un sacrifice d'actions de grâces. __ V __ F
   b. Les actions de grâces sont l'affaire des gens riches et des vaniteux. __V __F
   c. Le actions de grâces sont l'affaire des gens reconnaissants. __ V __ F

Leçon 6
Abraham et son offrande sacrificielle

Textes de base : Ge.11 :31 ; 12 :1-8 ; 14 :9,20 ; 17 : 17 ; 21 : 5 ; 22 :17-18
Texte à lire en classe : Ge.22 : 1-11
Verset de mémoire : L'ange dit : N'avance pas ta main sur l'enfant, et ne lui fais rien ; car je sais maintenant que tu crains Dieu, et que tu ne m'as pas refusé ton fils, ton unique. **Ge.22 :12**
Méthodes : Discours, comparaisons, questions
But : Montrer que dans la relation avec Dieu, tout homme a un Isaac à sacrifier.

Introduction
Abraham est médaillé père de la foi. Est-ce un titre honorifique ? Pour votre édification, creusons l'histoire.

I. Quelle était la progression spirituelle d'Abram ?
  1. Il vivait dans un milieu polythéiste, où le vrai Dieu était inconnu.
     a. Mais un jour, il renonça à lui-même, à sa citoyenneté chaldéenne, à sa culture et à ses dieux pour se confier en l'Eternel, le Dieu invisible. Ge.11 : 31 ; 12 :1
     b. L'Eternel l'amena au pays de Canaan. Son premier geste était de lui bâtir un autel. Ge.12 : 7

2. Où l'a-t-il appris ?
   a. Hier, il sacrifiait aux dieux fabriqués. Aujourd'hui, il bâtit des autels pour manifester sa conversion et son adoration au vrai Dieu. Ge.12 : 7-8
   b. Hier, il payait la dîme aux prêtres des faux dieux. Aujourd'hui, il paie la dîme de **tout** à l'Eternel. Quel **tout** ?
   La dîme de **tous** ses biens matériels.
   La dîme pour la protection de **tous** ses serviteurs pendant la guerre contre quatre rois. Ge.14 :9, 20

II. **Comment va-t-il grandir dans la foi ?**
   1. Il était âgé de cent ans et Sara sa femme, de quatre-vingt-dix ans, quand Dieu lui donna un enfant légitime, Isaac. Ge. 17 :17 ; 21 :5
   2. Et voici, pour l'éprouver, Dieu lui demanda de le lui sacrifier. C'était pénible. Mais dans la culture chaldéenne, il était traditionnel de sacrifier son premier-né aux faux dieux.
   3. Abraham a accepté de sacrifier Isaac pour plaire à l'Eternel. Dès lors, Dieu l'a médaillé père de la foi. Et pour résultat : Dieu l'a richement béni. Ge.22 :17-18

Conclusion
Etes-vous prêt à sacrifier votre **ISSAC** à l'Eternel ?

Questions

1. Quelles étaient les ordonnances dans la religion polythéiste d'Abram ?
   a. On versait de l'argent aux idoles pour avoir leur protection.
   b. On savait leur sacrifier le premier-né.

2. Comment Abraham va-t-il être médaillé « père de la foi » ?
   a. Il fit pleine confiance à Dieu qui peut recouvrer son fils de la mort.
   b. Quand il était âgé de cent ans, il accepta de sacrifier à l'Eternel son fils légitime.

3. Choisissez la bonne réponse
   a. Abraham est un criminel.
   b. Isaac était un écervelé.
   c. Cette histoire a lieu dans une vision.
   d. Dieu a voulu faire de cette histoire un type de Jésus-Christ.

4. Choisissez la meilleure réponse
   a. Un enfant n'est pas obligé d'obéir en tout à ses parents.
   b. Un enfant doit obéir à ses parents selon le Seigneur.
   c. Les enfants de l'époque d'Abraham vivaient d'après leur culture.

Leçon 7
Jacob et son offrande

Textes de base : Ge. 25 : 27-34 ; 27 : 18-24 ; 28 : 20-22 ; 30 :25-43 ; 32 :25-28 ; 34 : 1-2, 15-21 ; 35 : 1-14 ;
Texte à lire en classe : Ge.28 : 15-22
Verset de mémoire : Cette pierre, que j'ai dressée pour monument, sera la maison de Dieu ; et je te donnerai la dîme de tout ce que tu me donneras. **Ge.28 :22**
Méthodes : Discours, comparaisons, questions
But : Montrer que Dieu prend au sérieux les promesses qu'on lui fait.

Introduction
Quand Dieu veut vous bénir, il va « décortiquer » de votre cœur toute intention malicieuse. Allons, Jacob, présentez-vous !

I. Il allait jusqu'à vouloir tromper Dieu lui-même.
1. D'abord, il trompa son père en se faisant passer pour Esaü, le favori d'Isaac. Ge.27 :18-24
2. Puis son frère Esaü dans une transaction malhonnête. Ge.25 :27-34
3. Ensuite son beau-père Laban en le mystifiant dans une association d'affaire en Mésopotamie. Ge.30 : 32-36
4. Enfin il tenta de tromper Dieu.
   a. En voulant lui cacher son nom de voleur. Ge. 28 : 20-22 ; 32 :25-28

b. En voulant distraire ses biens pour les passer sous le nom de son frère, il avait sans doute l'intention de crier faillite. Ge. 32 :13-20
c. Il négligea pourtant sa promesse de bâtir un temple pour Dieu. Pourtant, il avait fortifié son compte d'Epargne pendant vingt ans d'investissement et de prospérité grâce à la protection de Dieu. Ge. 35 : 1-7

II. Alors, Dieu lui causa des ennuis
2. Par le viol de Dina. Ses frères, Siméon et Lévi tirèrent vengeance de cette infamie en tuant tous les mâles du pays de Sichem. Par conséquent, Jacob devait fuir le lieu du crime. Ge.34 :1-2, 15,25-31

III. Dispositions finales
1. De Dieu :
Il lui rappelle sa promesse de bâtir Béthel. Ge.35 : 1-4
2. De Jacob.
  a. Il se dépouilla, puis ordonna à ses enfants d'en faire autant. Ge.35 :1-4
  b. Il bâtit le temple de l'Eternel. Ge.35 :1-7

Conclusion
Jacob est l'ancêtre de tous ceux-là qui prennent les promesses à Dieu à la légère. Ils contribuent sous pression. Je vous aurais conseillé de ne pas l'imiter.

Questions

1. Quel était le caractère moral de Jacob ?
   Il trompait les membres de sa famille et voulut même tromper l'Eternel.

2. Que veut dire Jacob ? Supplanteur, trompeur

3. Que fit-il pour tromper l'Eternel ?
   a. Il passa une grande partie de ses biens sous le nom de son frère.
   b. Il feint d'oublier sa promesse de bâtir le temple pour l'Eternel

4. Comment Dieu réagit-il à sa ruse ?
   a. Sa fille Dina fut violée.
   b. Les frères utérins de Dina tuèrent les gens de la ville.
   c. Jacob était forcé de déguerpir.

5. Qu'arriva-t-il enfin ?
   Jacob bâtit l'autel et Dieu le bénit.

Leçon 8
David et ses offrandes substantielles

Textes de base : No.3 :6 ; 1S.17 :12 ; 2S.12 : 1-12 ; 2S.24 :24 ; 1R.6 :20 ; 8 :63 ; 1Ch. 21 :25 ; 29 :3,14 ; Ps. 23 : 1 ; 27 : 1 ; 34 :2-22 ; 51 :18 ; 63 : 5 ; 91 : 1 ; 117 :1-2 ;
Texte à lire en classe : 1Ch.29 : 3-9
Verset de mémoire : Mais le roi dit à Aravna: Non! Je veux l'acheter de toi à prix d'argent, et je n'offrirai point à l'Éternel, mon Dieu, des holocaustes qui ne me coûtent rien. **2S.24 :24**
Méthodes : Discours, comparaisons, questions
But : Montrer la générosité de David envers un Dieu généreux

Introduction
La figure du roi David domine l'Ancien Testament. On le voit sur le champ de bataille ou dans le temple. Mais quel était le point dominant de sa vie ?

I. Il célèbre l'Eternel par la louange
Dans les psaumes il loue Dieu
1. Pour ses victoires. Ps.34 :22
2. Pour sa protection. Ps.91 :1
3. Pour sa fidélité. Ps.117 :1-2
4. Pour ce que l'Eternel est pour lui : Lumière, délivrance, berger. Ps.23 :1 ; 27 :1
   Ainsi, il célèbre le nom de l'Eternel avec le fruit de ses lèvres. Ps.63 :5

II. Il le célèbre ensuite par des offrandes généreuses.
1. Ses biens sont pour Dieu. Il en parle non pas pour s'en vanter mais pour prêcher l'exemple aux autres. 1Ch.29 : 3, 14
2. Son fils Salomon l'a imité en le dépassant. 1R.6 :20 ; 8 :63

III. Il le célèbre par des offrandes sacrificielles.
1. Il insiste auprès d'Aravna pour acquérir sa propriété à un prix fort. 1Ch.21 :25
2. Néanmoins, Il sait qu'il doit d'abord se repentir avant de présenter ses offrandes à l'Eternel. Ps.51 : 18

IV. Des remarques pertinentes :
David n'était pas lévite, ni sacrificateur. Pour l'être, il fallait être de la tribu de Lévi. No.3 :6
Il était un simple berger de la tribu de Juda. 1S.17 :12
Il accepte d'être exhorté et de subir la sanction imposée par le prophète Nathan. 2S. 12 : 1-7, 10-12

Conclusion
David restera pour jamais l'homme selon le cœur de Dieu par son humilité et son obéissance à la volonté de Dieu. Cessez de parler de lui. De préférence, imitez-le.

Questions

1. Quel était le point dominant dans la vie du roi David ?
   a. Il célèbre l'Eternel par des louanges.
   b. Il le célèbre par des offrandes généreuses.
   c. Il le célèbre par des offrandes sacrificielles.

2. Pourquoi loue-t-il l'Eternel ?
   Pour ses victoires, sa protection et sa fidélité.

3. Pourquoi ses offrandes étaient-elles généreuses ? Pour louer l'Eternel et pour prêcher l'exemple aux autres.

4. En tant que roi, pourquoi n'avait-il pas accepté d'Aravna le don de sa propriété ?   Il tenait à offrir à l'Eternel une offrande qui le coute.

5. Que nous faut-il aujourd'hui ? Il nous faut cesser de parler de David mais l'imiter de préférence.

Leçon 9
L' offrande selon les Macédoniens

Textes de base : 1Co.16 : 3 ; 2Co.8 :1-20
Texte à lire en classe : 2Co.8 :1-5
Verset de mémoire : Et non seulement ils ont contribué comme nous l'espérions, mais ils se sont d'abord donnés eux-mêmes au Seigneur, puis à nous, par la volonté de Dieu. **2Co.8 :5**
Méthodes : Discours, comparaisons, questions
But : Présenter les deux offrandes des macédoniens, l'une matérielle, l'autre spirituelle.

Introduction
A-t-on besoin de gagner une bataille pour mériter le titre de héros ? Aujourd'hui, je revendique le droit d'attribuer un trophée de gloire aux chrétiens de la Macédoine pour leur exceptionnelle contribution.

I. Comment ont-ils contribué ?
1. Ils n'ont pas contribué sous la base du raisonnement ou des comparaisons.
   a. Autrement, ils auraient fermé leurs yeux et leurs cœurs sur les besoins des chrétiens d'un pays étranger. 2Co. 8 :4
   b. Ils auraient contribué avec parcimonie puisqu'il s'agit d'aider des Eglises dans lesquelles ils n'ont aucun intérêt personnel. 2Co.8 :20

2. Pourtant, ils ont contribué, mais à partir de leur foi :
Voyons :
   a. Macédoine est un pays grec très éloigné de Jérusalem, la capitale d'un pays juif.
   b. Les Eglises de la Macédoine sont formées de païens convertis.
   c. Ces chrétiens envoient leur support financier aux judéo-chrétiens de Jérusalem, qu'ils ne connaissent même pas. 1Co.16 :3
   d. Ils le font sans considération de race, de pays, de degré de fortune. Ils aident et c'est tout.
   e. Ils le font non seulement sans contrainte, mais avec un cœur généreux. 2Co.8 :4
   f. Ils ont donné volontairement au-delà de leur moyen. 2Co.8 : 3
3. Outre cela, ils engagent leur personne, au service de Dieu et des apôtres. Quel degré de conversion ! 2Co. 8 :5

II. Quand ont-ils contribué ?
1. Au milieu de beaucoup de tribulations
2. Au milieu d'une profonde pauvreté. 2Co. 8 :1-2
3. Avec une joie abondante dans le cœur. 2Co.8 :2
Quelle consécration !

Conclusion

Dès aujourd'hui, apprenons des Macédoniens comment contribuer sans regarder autour de nous, mais en nous. Voilà le vrai réveil, voilà la vraie reformation.

Questions

1. Pourquoi les chrétiens de Macédoine avaient-il contribué en refusant de consulter leur raison ?
   Ils voulurent exercer leur foi.

2. Comment l'expliquer ?
   a. Ils contribuent sans considération de race, de pays, de degré de fortune.
   b. Ils contribuent sans contrainte.
   c. Ils contribuent volontairement et s'offrent à servir Dieu et les apôtres.

3. Quand ont-ils contribué ? Quand ils étaient au milieu de beaucoup de tribulations et une grande pauvreté.

4. Comment ont-ils contribué ? Avec une joie abondante dans le cœur.

5. Comment qualifier leur attitude ?
   Comme une consécration totale au Seigneur
   Comme un véritable réveil dans l'Eglise

Leçon 10
La fête d'Actions de Grâces

De. 16 :13-16 ; Ne. 8 :10 ; Ps.34 :2-3 ; He.13 :3 ;
Texte à lire en classe :
Verset de mémoire : Je bénirai l'Éternel en tout temps ; Sa louange sera toujours dans ma bouche. Ps.34 : 2
Méthodes : Discours, comparaisons, questions
But : Faire le portrait d'un cœur reconnaissant

Introduction
Quand Dieu ordonne, son commandement est indiscutable et doit être exécuté à la lettre. La fête d'actions de grâces est un ordre de l'Eternel. Elle n'est et n'a jamais été une institution américaine. **De. 16 :13**

I. **Comment devrions-nous célébrer cette fête ?**
Comme son nom l'indique, c'est une fête de reconnaissance à l'Eternel.
1. On doit célébrer les grâces de Dieu avec un cœur reconnaissant. Ps.34 :2
2. On doit les célébrer avec des louanges, qu'on soit riche ou pauvre. Ps.34 :3
3. On doit se réjouir avec tous, même avec les indigents. Beaucoup le font et avec joie. Ne.8 :10
4. Ce serait le bon moment de relâcher les prisonniers pour injecter la vie dans ces victimes de la mort civile. He.13 :3

5. Ce serait le bon moment d'exhorter les vodouisants à ne plus jeter dans les carrefours les produits de leurs récoltes à la date du six janvier.
6. Si nous fêtions Dieu chaque jour dans notre vie, le ciel serait obligé de descendre pour partager cette fête.

II. Corruption déplorable de cette fête

1. Certains ont fait ripaille et bombance et boivent à l'excès au détriment de leur santé.
2. Ils adoptent ce jour pour des réjouissances entre la famille et les amis. Ce qui serait la partie sociale de la fête.
3. Qui pis est, la partie spirituelle est négligée. Ils n'iront pas dans une assemblée pour louer Dieu et le remercier. Verser une offrande à Dieu, c'est la dernière chose qu'ils feront. De.16 :16

Conclusion

Faites des Actions de Grâces un évènement spécial. Donnez à Dieu une louange spéciale et vous verrez comment il va vous traiter comme son enfant spécial.

Questions

1. Quelle est la meilleure facon de célébrer la fête d'Actions de Grâces ?
   a. On doit la célébrer avec des louanges, avec un cœur reconnaissant.
   b. On doit se réjouir avec tous et même avec les indigents.

2. Comment cette fête est-elle détériorée ?
   a. Beaucoup oublient de louer Dieu.
   b. On la réduit à seulement une fête de famille, à une célébration de joie dans le manger et le boire.
   c. On oublie de présenter une offrande spéciale à Dieu.

3. Qu'est-ce-qui va nous manquer dans cette situation ?
   Des bénédictions divines en abondance

4. Vrai ou faux
   a. La fête d'Actions de Grâces est la fête des américains. __ V __ F
   b. C'est la fête des dindons. __ V __ F
   c. La fête d'Actions de Grâces n'est pas pour les chrétiens. __ V __ F
   d. Le chrétien doit fêter Dieu chaque jour. __ V __ F

Leçon 11
Que faut-il changer, La Bible ou l'homme ?

Textes de base: No.12: 1-15; Mt. 11:28; 28 :19-20 ; Mc.16 :16-17 ; Jn.14 :6, 27 ; Ro.1 :1-5 ; 3 :23 ; 6 :23 ; 1Co.15 : 50-52 ; 1Th. 4 : 13-18 ; 2Th.2 : 3-4 ; 2Pi.3: 13; Ap. 1:7; 7 :14 ; 13 :13-18 ; 19 :20-21
21 :1-27
Texte à lire en classe : 2Ti.3 :12-17
Verset de mémoire : Toute Écriture est inspirée de Dieu, et utile pour enseigner, pour convaincre, pour corriger, pour instruire dans la justice. 2Ti.3 :16
Méthodes : Discours, comparaisons, questions
But : Dresser l'éternelle vérité devant les hommes corrompus.

Introduction
Que l' on change la bible mais qu'on nous conserve au moins trois choses :

I. D'abord, les trois grands mystères :
1. Le mystère de la sainte trinité.
   Un seul Dieu en trois personnes et non en quatre. Ainsi Marie est y exclus comme une divinité. Mt. 28 : 19-20 ; Jn.14 :6
2. Le mystère de l'incarnation
   Un Dieu fait homme pour nous sauver.
   Ro. 3 : 23 ; 6 : 23
3. Le mystère de la rédemption.
   Un Jésus mort pour nos péchés et glorieusement ressuscité pour notre justification. Ro. 1 : 1-5

II. **Ensuite, les prophéties concernant la fin des temps**
  1. L'immoralité flagrante. L'apostasie.
     2Th. 2 : 3-4
  2. La manifestation
     a. De l'antéchrist. 2Th.2 :4
     b. De Mr. 666. Ap.13 :13-18
     c. Du faux prophète. Ap. 19 : 20-21
  3. La Grande tribulation. Ap.7 : 14
  4. L'enlèvement de l'Eglise.
     1Co.15 : 50-52 ; 1Th.4 : 13-18
  5. Le Retour corporel, visible et tangible de Jésus-Christ pour proclamer son règne sur la Nouvelle Terre. 2Pi.3 :13 ; Ap. 1 :7
  6. Le Jugement des impies. Ap. 20 :10 ; 22 :15
  7. Le bonheur des élus. Ap.1 :1-6

III. **Apologie de notre bible**
  1. Elle nous donne le GPS pour aller au ciel. Jn.14 :6
  2. Elle nous confère le pouvoir de chasser les démons, de guérir les malades, de neutraliser les effets des poisons. Mc. 16 :16-17
  3. C'est Le livre de la paix. Jn. 14 :27
  4. C'est le rejet de la discrimination. No. 12 : 1, 6-9, 15 ; Mt. 11 :28

Conclusion

Que tous paradent avec leur nouvelle Bible. Nous, nous gardons l'ANCIENNE COMME NOTRE BOUSSOLE POUR NOUS AMENER AU CIEL.

Questions

1. Qui a prétendu dit-on, que la Bible est caduque? Le pape

2. Comment le vrai chrétien réagira- t-il contre cette décision ?
   a. En tenant pour le mystère de la Sainte Trinité
   b. En tenant pour les prophéties concernant la fin des temps
   c. En votant pour la pérennité de la Parole.

3. Que préconise la Bible sur la Sainte Trinité
   C'est le mystère d'un seul Dieu en trois personnes et non en quatre.

4. Quelles sont les grandes prophéties sur la fin des temps ?
   Prophéties sur l'apostasie, la manifestation de l'antéchrist et du faux prophète.
   La grande tribulation, l'enlèvement de l'Eglise,
   Le retour visible de Jésus-Christ et
   Le jugement dernier

5. Qu'est-ce-qui est exclusif dans notre bible ?
   a. Elle nous indique le chemin pour aller au ciel
   b. Elle nous confère le pouvoir de chasser les démons, de guérir les malades et de neutraliser les poisons.
   c. C'est le livre de la paix et du rejet de la discrimination
6. Que représente la bible pour le chrétien ? Sa boussole.

Leçon 12
De l'hôtellerie à l'étable de Bethléem

Textes de base : Mt.2 : 1-11 ; Lu.2 :1-16; Ap.18 : 1-4

Texte de base : Lu.2 :1-7
Verset de mémoire : Et elle enfanta son fils premier-né. Elle l'emmaillota, et le coucha dans une crèche, parce qu'il n'y avait pas de place pour eux dans l'hôtellerie. **Lu.2 :7**
Méthodes : Discours, comparaisons, questions
But : Montrer que notre Dieu donne à tous rendez-vous dans le lieu le plus humble.

Introduction
Je me surprends à mesurer la distance entre l'hôtellerie et l'étable de Bethléem. Voyons :

I. **Physiquement**, elles sont proches l'une de l'autre, Cependant, l'hôtellerie est pour les hommes et l'étable pour les bestiaux. Lu.2 : 12

II. **Socialement :**
  1. L'hôtellerie reçoit tout le monde, gens de bien, prostitués, voleurs, houngans, magiciens, commerçants, politiciens et religieux...tous dans la même ambiance.
  2. L'étable au contraire, est fréquentée par la sélection que voici :
     a. Le créateur du ciel et de la terre se logea à l'Etable, faute de place pour lui dans l'hôtellerie. Lu.2 :7

b. Les anges du ciel vinrent pour l'adorer dans l'étable. Lu.2 :14
c. Les bergers vinrent l'adorer. Ils n'avaient pour guide touristique qu'un ange du ciel pour les conduire à l'étable. Et les voilà aux pieds du Roi du monde. Lu.2 :15

III. Spirituellement
1. Comparez la distance **de** l'orgueil à l'humilité, **de** la discrimination au peuple méprisé, **de** l'autosuffisance à l'indigence, **de** l'hypocrisie à l'amour, alors vous trouverez exactement la distance entre l'hôtellerie pour tout le monde et l'étable où logea le Roi du monde.
2. Cependant, l'hôtellerie était éclairé à la chandelle, mais l'Etable par l'Etoile brillante de Jésus. Mt.2 :2
3. L'hôtellerie de Bethléem, c'est le symbole de l'œcuménisme, l'union de toutes les religions, sous la main de Mr. 666. C'est la grande Babylone ou confusion décrite dans l'Apocalypse. Ap.18 :1-4
Quelle distance, mon Dieu , entre l'œcuménisme et le Christianisme, entre les ténèbres et Jésus, la lumière du monde ! Mt.2 :2,7
4. Rappelez-vous bien que le **discours sur la Paix** fut prononcé dans **l'Etable**, et non à **l'hôtellerie œcuménique** de la confusion. Lu.2 :14

Conclusion

Ceci dit, faites votre choix entre l'hôtellerie et l'Etable !

Questions

1. Quelle est la distance physique de l'hôtellerie de Bethléem à l'étable ? Quelques pas

2. Quelle est la distance spirituelle qui les sépare ?
   a. C'est la distance de l'orgueil à l'humilité,
   b. De l'autosuffisance à l'indigence,
   c. De l'hypocrisie à l'amour
   d. Du monde au Roi du monde

3. Quelle différence remarquable entre l'hôtellerie et l'étable de Bethléem ? L'hôtellerie est éclairé à la chandelle mais l'étable par l'Etoile Brillante de Jésus.

4. Que symbolise l'hôtellerie ? L'œcuménisme, la réunion de toutes les religions

5. Que symbolise l'Etable ? Le Christianisme, la réunion de tous les croyants autour de Jésus, la lumière du monde.

Récapitulation des versets

1. Prenez sur ce qui vous appartient une offrande pour l'Éternel. Tout homme dont le cœur est bien disposé apportera en offrande à l'Éternel : de l'or, de l'argent et de l'airain. Ex.35 : 5

2. Je vous exhorte donc, frères, par les compassions de Dieu, à offrir vos corps comme un sacrifice vivant, saint, agréable à Dieu, ce qui sera de votre part un culte raisonnable. Ro.12 :1

3. Mais maintenant, en Jésus Christ, vous qui étiez jadis éloignés, vous avez été rapprochés par le sang de Christ. Ep.2 :13

4. Que chacun de vous, le premier jour de la semaine, mette à part chez lui ce qu'il pourra, selon sa prospérité. 1Co.16 :2a

5. Trois fois par année, tu célébreras des fêtes en mon honneur. Ex.23 : 14

6. L'ange dit: N'avance pas ta main sur l'enfant, et ne lui fais rien; car je sais maintenant que tu crains Dieu, et que tu ne m'as pas refusé ton fils, ton unique. Ge. 22 :12

7. Mais le roi dit à Aravna: Non! Je veux l'acheter de toi à prix d'argent, et je n'offrirai point à l'Éternel, mon Dieu, des holocaustes qui ne me coûtent rien. 2S.24 :24

8. Et non seulement ils ont contribué comme nous l'espérions, mais ils se sont d'abord donnés eux-mêmes au Seigneur, puis à nous, par la volonté de Dieu. 2Co.8 :5

9. Que mon âme se glorifie en l'Éternel! Que les malheureux écoutent et se réjouissent! Ps.34 :2

10. Toute Écriture est inspirée de Dieu, et utile pour enseigner, pour convaincre, pour corriger, pour instruire dans la justice.

11. Et elle enfanta son fils premier-né. Elle l'emmaillota, et le coucha dans une crèche, parce qu'il n'y avait pas de place pour eux dans l'hôtellerie. Lu.2 :7

Feuille d'évaluation

1. Quelle partie de ces 12 leçons vous a le plus touché ?
   a. Pour vous-même ? _____
   b. Pour votre famille ? _____
   c. Pour votre Eglise? _____
   d. Pour votre pays? _____

2. Quelle est votre décision immédiatement après la classe ?
   _____

3. Quelles sont vos suggestions pour l'Ecole du Dimanche:
   a. _____
   b. _____
   c. _____

4. Questions purement personnelles :
   a. Quelle est ma contribution pour le développement de cette Eglise ?
   _____
   b. Quel effort ai-je fait jusqu'ici pour améliorer sa condition ? _____
   c. Si Jésus vient maintenant, serai-je fier de mes œuvres ? _____

Glossaire

Anesthésie	n.f. Perte locale ou générale de la sensibilité
Apologie	n.f. Discours ou écrit destiné à convaincre de la justesse de qqch.
Apostasie	n.f. Abandon de la foi chrétienne
Appellation	n.f. Facon d'appeler, de nommer
Boussole	n.f. Aiguille aimantée pour indiquer la direction du Nord
Calamité	n.f. catastrophe
Cheptel	n.m. Bétail
Conséquemment	En conséquence, par suite
Dessein	n.m. Intention
Détriment	n.m. Dommage, préjudice
Directive	n.f. Instruction, ordre
Disculper	v.t. Prouver l'innocence de
Enjeu	n.m. Somme d'argent ou objet risqué dans un jeu et revenant au gagnant.
Expertise	n.f. Ensemble de connaissance, de compétence qu'un expert met au service d'une entreprise
Exploit	n.m. Action mémorable
Flagrant	adj. Evident, incontestable
Fléau	n.m. grande calamite publique, funeste
Gamme	n.f. fig. Série de choses de même nature
Goel	Theol. Celui qui a droit de rachat
GPS	Tech. Global position system
Hybridation	n.f. Croisement entre deux variétés, deux races d'une même

	espèce ou entre deux espèces différentes.
Inaltérable	adj. inattaquable, immuable
Inanition	n.f. Privation d'aliments
Incirconcis	n.m. adj. Païen. Selon les juifs, qui n'a pas connu l'exclusion rituelle du prépuce.
Inculper	v.t Mettre en cause
Intègre	adj. incorruptible
Interaction	n.f. Influence réciproque de deux phénomènes ou de deux personnes
Interdépendance	n.f. Dépendance mutuelle
Kidnapper	v.t. Enlever une personne pour obtenir une rançon.
Latitude	n.f. Liberté. Pouvoir d'agir à son gré
Légion	n.f. Unité fondamentale de l'armée romaine. Elle comptait 6000 hommes. Grand nombre de personnes
Mr 666	L'autorité religieuse qui gouvernera le monde à la fin des temps.
Nostalgie	n.f. Tristesse causée par l'éloignement du pays natal.
Œcuménisme	n.m. Mouvement qui préconise l'union de toutes les religions en une seule.
Pavillon	n.m. Drapeau
Péjoratif	adj. Qui comporte une nuance défavorable
Perception	n.f. Fait de percevoir par les sens, par l'esprit

Périmer (se)	v. pr. Perdre sa valeur, sa validité après un certain délai
Polythéiste	adj et n. Qui adore plusieurs dieux
Poster	n.m. Affiche
Potentiel	n.m. Ensemble des ressources de tous ordres qu'on possède
Prédestiné	adj et n. Dont le destin heureux ou malheureux est fixé à l'avance
Prévision	n.f. conjecture, hypothèse
Probabilité	n.f. vraisemblance. Etude sur le hasard
Réserviste	n.m. Celui qui appartient à la réserve des forces armées.
Sanhédrin	n.m. Ancien conseil suprême du judaïsme, siégeant a Jérusalem et présidé par le grand prêtre.
Statistique	n.f. Ensemble des méthodes mathématiques qui, à partir du recueil et de l'analyse des données réelles, permettent l'élaboration de modèles probabilistes autorisant des prévisions.
Subtil	adj. Ingénieux, perspicace
Tangible	adj. Que l'on peut percevoir par le toucher. Que l'on peut constater
Tissu	n.m. Ensemble d'éléments constituant un tout homogène
Valider	v.t. Rendre ou déclarer valide
Vicissitude	n.f. Evènement, heureux ou malheureux qui affecte la vie humaine.
Vilipender	v.t. Dénigrer

Table des matières

Série 1 - L'EXPERTISE DANS LA FOI CHRETIENNE 1

Leçon 1 - Ceux qui aiment Dieu 3

Leçon 2 - Ceux qui sont appelés selon son dessein 6

Leçon 3 - La foi de ceux qui aiment Dieu 9

Leçon 4 - Les circonstances dans la vie de ceux qui aiment Dieu 12

Leçon 5 - Attitude de ceux qui aiment Dieu face à l'adversité 15

Leçon 6 - Pourquoi Dieu expose-t-il les chrétiens au danger ? 18

Leçon 7 - Le message que leur vie communique. 21

Leçon 8 - Le rôle du Saint Esprit dans la vie des appelés 24

Leçon 9 - Prédestinés et appelés. 27

Leçon 10 - Appelés et justifiés 30

Leçon 11 - Justifiés et glorifiés 33

Leçon 12 - Notre résolution 36

Récapitulation des versets 39

Feuille d'évaluation 41

Série 2 - QUI EST TON PARTENAIRE CONJUGAL? 42

Leçon 1 - Je l'appelle Eve 44

Leçon 2 - Elle s'appelle Saraï 47

Leçon 3 - Je l'appelle de mon nom 50

Leçon 4 - Elle s'appelle Rébecca 53
Leçon 5 - Elle s'appelle Séphora 57
Leçon 6 - Elle s'appelle Débora 60
Leçon 7 - Elle s'appelle Ruth 63
Leçon 8 - Elle s'appelle Athalie 66
Leçon 9 - Il s'appelle Mical 69
Leçon 10 - Je l'appelle Mon Eglise 72
Leçon 11 - Je l'appelle « Mon Epouse » 75
Leçon 12 - Les quatre piliers du bonheur conjugal 78
Récapitulation des versets 81
Feuille d'évaluation 83
Série 3 - QUI EST MON PROCHAIN ? 84
Leçon 1 - Qui est mon prochain ? 86
Leçon 2 - Celui que Dieu voit du même œil que moi ... 89
Leçon 3 - Celui en qui je vois ma propre image 92
Leçon 4 - Celui que Dieu appelle comme moi au salut . 95
Leçon 5 - Celui qui a besoin de mon aide 98
Leçon 6 - Celui qui adore mon Dieu à sa façon 101
Leçon 7 - Celui que Dieu appelle comme moi à aider
le plus faible 104
Leçon 8 - Celui qui comme moi est frappé par la
fatalité 107
Leçon 9 - Celui qui comme moi est sujet aux mêmes
faiblesses 110

Leçon 10 - Celui qui comme moi doit quitter la planète 113

Leçon 11 - Celui qui comme moi est limité dans ses calculs 116

Leçon 12 - Celui qui comme moi doit baisser pavillon devant un enfant 119

Récapitulation des versets 122

Feuille d'évaluation 124

Série 4 - COMMENT DIEU VOIT-IL NOS OFFRANDES ? 125

Leçon 1 - L'offrande à l'Eternel, un privilège 127

Leçon 2 - L'offrande à l'Eternel, une obligation 130

Leçon 3 - Jésus, la vraie offrande 133

Leçon 4 - L'offrande doit être préparée à l'avance 136

Leçon 5 - Les offrandes d'action de grâces 139

Leçon 6 - Abraham et son offrande sacrificielle 142

Leçon 7 - Jacob et son offrande 145

Leçon 8 - David et ses offrandes substantielles 148

Leçon 9 - L' offrande selon les Macédoniens 151

Leçon 10 - La fête d'Actions de Grâces 154

Leçon 11 - Que faut-il changer, La Bible ou l'homme ? 157

Leçon 12 - De l'hôtellerie à l'étable de Bethléem 161

Récapitulation des versets 164

Feuille d'évaluation 166

Glossaire 167

Révérend Renaut Pierre-Louis

Esquisse biographique

Pasteur de l'Eglise Baptiste à Saint Raphael. 1969
Diplômé du Séminaire Théologique Baptiste d'Haïti, 1970
Diplômé de l'Ecole de Commerce Julien Craan, 1972
Professeur de langues vivantes au Collège Pratique
du Nord au Cap-Haitien 1972
Pasteur de la Première Eglise Baptiste au Cap-Haitien, 1972
Pasteur de l'Eglise Redford, Cité Sainte Philomène, 1976
Diplômé de l'Ecole de Droit du Cap-Haitien, 1979
Fondateur du Collège Redford et de l'Ecole
Professionnelle ESVOTEC 1980

Pasteur militant depuis 51 ans, avocat, poète, écrivain, dramaturge, ce serviteur du Seigneur vous revient aujourd'hui avec « **La Torche Brillante** », un ouvrage didactique, de haute portée théologique qui a déjà révolutionné le système d'enseignement dans nos Ecoles du Dimanche et dans la présentation du message de l'Evangile.

Encore une fois, pasteurs de recherche, prédicateurs de réveil, moniteurs de carrière, chrétiens éveillés, prenez « La Torche » et passez-la. 2 Tim.2 : 2

Pour toutes informations et pour vos commandes, adressez-vous à

Peniel Haitian Baptist Church
P.O. Box 100323
Fort Lauderdale, FL 33310
Phone : 954- 525-2413
Cell : 954- 242-8271
Website : www.theburningtorch.net
e-mail : renaut@theburningtorch.net
e-mail : renaut_cyrille@hotmail.com

Copyright © 2023 by Renaut Pierre-Louis

Tous droits réservés @ Rév. Renaut Pierre-Louis

Attention : Il est illégal de reproduire ce livre, en tout ou en partie, sous quelque forme ou par quelque procédé que ce soit, électronique, mécanique, photographique, sonore, magnétique ou autre, sans avoir obtenu au préalable, l'autorisation écrite de l'auteur.

www.ingramcontent.com/pod-product-compliance
Lightning Source LLC
Chambersburg PA
CBHW072013110526
44592CB00012B/1294